MW01107500

MUSCULACIÓN
DE ABDOMINALES
Y ESPALDA

Dean Brittenham ▪ Greg Brittenham

MUSCULACIÓN DE ABDOMINALES Y ESPALDA

165 ejercicios para tonificar, fortalecer y potenciar
la parte baja del tronco

Contiene 223 ilustraciones
(188 fotográficas y 35 esquemáticas)

EDITORIAL HISPANO EUROPEA S. A.

Asesor técnico: **Santos Berrocal**

Este libro está dedicado a lo único que realmente importa en la vida, la familia: Bev, Steve, Sue, Ben, James, Beau, Luann, Max y Rachel.

Título de la edición original: **Stronger Abs and Back.**

© de la traducción: **Julio Tous Fajardo.**

Es propiedad: © **Dean** y **Greg Brittenham.**

Edición en lengua inglesa publicada por
Human Kinetics. P. O. Box 5076. Champaign, Il (EE. UU.)

© de la edición en castellano, 2003:
Editorial Hispano Europea, S. A.

Quedan rigurosamente prohibidas, sin la autorización escrita de los titulares del «Copyright», bajo las sanciones establecidas en las Leyes, la reproducción total o parcial de esta obra por cualquier medio o procedimiento, comprendidos la reprografía y el tratamiento informático, y la distribución de ejemplares de ella mediante alquiler o préstamo públicos, así como la exportación o importación de esos ejemplares para su distribución en venta fuera del ámbito de la Unión Europea.

Depósito Legal: B. 24936-2003.

ISBN: 84-255-1365-0.

Segunda edición

Editorial Hispano Europea, S. A.
Bori i Fontestà, 6-8 - 08021 Barcelona (España)
Tel.: 93 201 85 00 - 93 201 99 90
Fax: 93 414 26 35
E-mail: hispanoeuropea@hispanoeuropea.com

www.hispanoeuropea.com

IMPRESO EN ESPAÑA   PRINTED IN SPAIN
LIMPERGRAF, S. L. - Mogoda, 29-31 (Polígono Industrial Can Salvatella) - 08210 Barberà del Vallès

ÍNDICE

PREFACIO

Entre los dos, hemos dedicado más de 50 años de nuestras vidas al *fitness* y al entrenamiento deportivo. Hemos tenido la fortuna de trabajar con miles de deportistas, desde deportistas de fin de semana hasta profesionales. Cada uno de ellos tenía objetivos específicos de entrenamiento. Éstas son algunas de las preocupaciones más comunes que expresaban:

• ¿Cómo puedo mejorar mi salto vertical?
• Necesito ser más rápido.
• Pierdo fácilmente el equilibrio.
• Necesito mejorar la precisión de mis golpes en tenis.
• ¿Cómo puedo desarrollar más mi potencia de bateo?
• Me gusta correr, pero me duele la espalda.
• Cuando juego al bádminton, tengo dificultad en los cambios de dirección.

Por lo general, respondemos a éstas y otras preguntas similares aconsejando que desarrollen una parte del cuerpo muy importante, pero frecuentemente olvidada: los abdominales y la zona lumbar. A esta región se la suele denominar el «centro de potencia», tronco o torso bajo, o simplemente, «el centro».

Los músculos abdominales son un eslabón principal de la cadena musculoesquelética corporal, y sin embargo son por lo general un eslabón débil. Durante miles de años, los deportistas se han percatado del valor de un «tronco» fuerte. Raramente observará una escultura de la antigua Grecia de un deportista con michelines. Las artes marciales enfatizan la importancia del «Ki», que significa energía, y el «Hara», que indica el centro físico del cuerpo. Cuando el «Ki» se focaliza en el «Hara» usted se halla «centrado» y tendrá acceso a una energía ilimitada. De ahí que no sea sorprendente que el centro de potencia se haya convertido en el capítulo principal de muchos programas de acondicionamiento modernos. De hecho, le damos tal valor al centro de potencia que su trabajo es el que más se enfatiza en nuestros entrenamientos diarios.

Todos los equipos y deportistas con los que trabajamos frecuentemente (como los New York Knicks y cuatro olímpicos en 1996) subrayan la importancia de un hábito regular de entrenamiento del centro de potencia. Considere los siguientes factores:

• El tronco y el torso bajo, que es el centro de potencia del cuerpo, constituye más del 50 % de la masa corporal total.
• Los músculos del torso bajo son esenciales en el mantenimiento del equilibrio corporal, pues realizan la mayor parte del trabajo físico.
• Además de intervenir para que el mo-

vimiento sea eficiente y apropiado, los abdominales protegen los órganos vitales.

• Los músculos abdominales proporcionan un presión interna (intraabdominal) que da soporte a la columna, manteniendo la estabilidad necesaria para conseguir una postura erguida a la vez que disminuyen el estrés en la zona lumbar.

• Los músculos abdominales, además, colaboran en la respiración cuando se realiza una actividad física y deporte.

Unos músculos abdominales mal desarrollados proporcionan un pobre anclaje para los movimientos deportivos explosivos y aún menos para la forma física general. No nos cansamos de insistir en la importancia de desarrollar y mantener tonificado el centro de potencia. En este libro hemos excluido intencionadamente otras variables importantes relacionadas con la salud, la forma física y el desarrollo atlético total, para dedicarnos exclusivamente al tronco. Esto no significa, por supuesto, que usted deba ignorar otros aspectos de su condición física. Por ejemplo, al trabajar con los Knicks, nunca sacrificamos otros aspectos del rendimiento, como el entrenamiento de la potencia, la velocidad, la rapidez, la flexibilidad, la agilidad, la coordinación, la resistencia, la fuerza mental y la nutrición, por diez minutos extra de trabajo abdominal. Tampoco debería ignorar otros componentes capitales de la salud y la forma física, como la fuerza muscular, la resistencia muscular, la eficiencia cardiorrespiratoria, la flexibilidad y la composición corporal. Pero dado que el centro de potencia es la base sobre la cual todas las demás variables de rendimiento y forma física se originan, el concentrarse en esta área mejorará cualquier programa de rendimiento o condición física.

En este libro le mostraremos —tanto si es un deportista como un practicante de fitness— cómo entrenar su centro de potencia, cuál es el primer paso para desarrollar una potencia, velocidad, rapidez, agilidad y coordinación corporal total, o simplemente unos abdominales extraordinarios. Concéntrese en *sus* necesidades, tanto si quiere mejorar su rendimiento deportivo como si pretende mantener un estilo de vida saludable. A pesar de que frecuentemente nos referimos al deportista, todos los principios del entrenamiento que exponemos se pueden aplicar igualmente a los practicantes de fitness.

Los ejercicios ilustrados en los capítulos 6, 7 y 8 están divididos en tres categorías:

Capítulo 6 Tonificación: Practicantes de fitness y todos los deportistas.
Capítulo 7 Fuerza: Practicantes de *fitness* avanzados y deportistas de medio y alto nivel.

Capítulo 8 Potencia: Deportistas de alto nivel.

Nota: en este punto y a lo largo de todo el libro, haremos hincapié regularmente en que el paso a la categoría de potencia conlleva riesgos. Estas técnicas están estrictamente reservadas para el deportista experimentado. No deberían ser el objetivo del practicante de *fitness*. De hecho, muchos deportistas de elite ya están bien entrenados con las técnicas de tonificación y fuerza, y sólo deben incorporar las técnicas de potencia si son una necesidad específica del deporte que practiquen.

Este planteamiento le permite diseñar un programa a la medida de *sus* necesidades. Cualquiera que sea su motivación, ya sea hacer un mate en baloncesto, añadir diez metros más a su *drive* en golf, correr una maratón, realizar tareas de mantenimiento en casa sin miedo a lesionarse o simplemente tener una mejor apariencia y sentirse mejor, se beneficiará de este programa.

Éste no es otro libro de los que prometen que «si usted sigue este programa tendrá unos abdominales como una tabla de planchar en dos semanas». Si su motivación está por encima de su vanidad para mejorar su forma física, conservar la salud o mejorar el rendimiento deportivo, este libro es el ideal. No existen atajos para desarrollar su centro de potencia, pero si continúa con este programa, adoptándolo como parte de un estilo de vida disciplinado, observará resultados significativos. El programa funciona, pero —como cualquier otro programa— es tan bueno como constante sea el esfuerzo que ponga usted en él y su compromiso con la mejora.

ACERCA DE LOS AUTORES

Greg Brittenham y Dean Brittenham

Dean Brittenham es el director atlético del Shiley Athletic Elite Program en la Clínica Scripps de La Jolla, California. Además es Chief Executive Officer de S.P.O.R.T. Elite, Ltd., una organización que promueve el rendimiento deportivo, la salud humana y la forma física por medio de la educación, investigación, entrenamiento y servicio.

El historial de Dean Brittenham comprende más de 40 años de enseñanza, entrenamiento y dirección de atletas de todos los niveles en muchos y distintos deportes. Como reconocido experto en fuerza y acondicionamiento, es un conferenciante popular en campos, *clínics* y simposios de todo el mundo. Ha sido entrenador de fuerza y acondicionamiento tanto de los Indiana Pacers como de los New England Patriots, y ha entrenado a numerosos tenistas, ciclistas y jugadores de voleibol de alto nivel.

Dean disfruta viajando, leyendo y realizando tareas en el jardín. Vive en Escondido, California, con su mujer, Beverly.

Greg Brittenham, hijo de Dean, es el entrenador de fuerza y acondicionamiento de los New York Knicks y ha ayudado en el entrenamiento de jugadores profesionales de la NBA como Patrick Ewing, Doc Rivers y Derek Harper, así como jugadores de los Orlando Magic y de los Indiana Pacers. Además, es el presidente de S.P.O.R.T. Elite, Ltd.

Greg ha sido un líder en el acondicionamiento deportivo desde 1978. Él y su padre fueron codirectores del Centro para el Desarrollo Atlético en el National Institute for Fitness and Sport en Indianápolis. Greg tiene un máster en kinesiología por la Universidad de Indiana y es coautor de *Complete Conditioning for Basketball*.

Buen portavoz de la importancia del acondicionamiento deportivo, Greg ha presentado y demostrado sus métodos y programas de entrenamiento a varios grupos deportivos prominentes, incluyendo la Asociación de Tenis de los Estados Unidos y el Comité Olímpico de los Estados Unidos. Vive en Stamford, Connecticut, con su mujer, Luann, y sus dos hijos, Max y Rachel.

AGRADECIMIENTOS

A nuestra paciente editora, Elaine Mustain, cuyos buenos consejos y actitud incesantemente positiva nos facilitó el arduo y frecuentemente tedioso proceso editorial, y finalmente hacer de este libro una realidad. Al Dr. John Ozmun de la Indiana State University y al Dr. Alan Mikesky del Centro Médico de la Universidad de Indiana por su seria, competente y literaria ayuda. Al Dr. Clifford Colwell de la Clínica Scripps por su ayuda, visión y fe en nuestro programa. A Mark McKown, director del Departamento de Rendimiento Deportivo en la Universidad de Charlestown, un líder en el ámbito de la fuerza y la preparación física, por su amistad, conocimientos y constantes ánimos.

Gracias a nuestros increíblemente pacientes modelos John Starks, Charlie Ward, Kristin Denehy y Michael Panetta por su dedicación durante los numerosos días de demostración de intensos ejercicios para los músculos abdominales y lumbares, y a John Sann, nuestro fotógrafo, que realizó un magnífico trabajo al capturar con precisión la esencia de cada técnica, a pesar de la limitación de utilizar una sola foto para cada una.

A nuestros muchos mentores, entrenadores, equipos y deportistas de todos los niveles de desarrollo y de todas las áreas del mundo que han marcado nuestras vidas y la diferencia al cultivar nuestra filosofía, en constante desarrollo. Por nombrar a algunos: Pat Riley, Raymond Berry, Jeff Van Gundy, Tom Osborne, Patrick Ewing, Dale Murphy, Hal Morris, Steve Finley, Pam Shriver, Todd Martin, Jim Courier, Mary Joe Fernandez, Zach Thomas, Irving Fryer, New York Knicks, Orlando Magic, Indiana Pacers, Baltimore Orioles, Chicago Cubs, Universidad de Nebraska, Universidad de Colorado, Universidad de Notre Dame, Universidad de Indiana, Denver Broncos, Minnesota Vikings, Kansas City Chiefs, New Orleans Saints, New England Patriots, Equipo Olímpico de EE.UU. de ciclismo, Equipo Olímpico de EE.UU. de bobsled, Asociación Estadounidense de Tenis y Federación Estadounidense de Gimnasia.

Y finalmente, a Steve Brittenham, cuyo genio y conocimientos pioneros en el campo del atletismo sólo son comparables con sus esfuerzos incesantes para ayudar a los niños y jóvenes aspirantes a atletas a disfrutar de la experiencia deportiva. Es un gran mentor para todos los que han tenido la fortuna de trabajar junto a él. Aunque los deportistas profesionales podrían realmente beneficiarse de su gran experiencia, los futuros campeones del mundo del deporte han ganado de manera incalculable con sus continuas contribuciones.

UN TRONCO FUERTE PARA EL RENDIMIENTO DEPORTIVO

Toda la fuerza generada por la musculatura del tren superior e inferior del cuerpo se origina y se estabiliza en el tronco, y su parte baja o es transferida por ellos. El centro de gravedad del cuerpo, un punto imaginario alrededor del cual el peso corporal se distribuye equitativamente, se encuentra también en la parte baja del tronco.

LA IMPORTANCIA DEL TRONCO

La maduración de las técnicas del movimiento comienza por la musculatura del tronco y se extiende desde ese punto. El término formal para este proceso es el *desarrollo proximal a distal*. El *desarrollo motor* (técnica del movimiento) comienza muy pronto en la vida del niño por los músculos más grandes y lentos del tronco (músculos proximales). A medida que el niño madura, el desarrollo se mueve hacia fuera gradualmente desde los patrones motores gruesos del tronco a las habilidades motoras finas, que son controladas por los pequeños músculos de las extremidades (músculos distales). Tanto si realiza una habilidad motora fina, como lanzar dardos, o un patrón motor grueso, como levantar a un bebé de la cuna, usted debe poseer un tronco fuerte para asegurar una función eficiente y efectiva.

Estabilidad del movimiento

La localización de su centro de gravedad es importante para la estabilidad. La localización exacta de este punto variará entre sujetos y también cambiará dependiendo de cada actividad concreta. Por ejemplo, cuando un pertiguista pasa por encima del listón, el centro de gravedad puede estar en realidad localizado fuera del cuerpo (ver figura inferior), ya que usted puede mover este punto simplemente cambiando su posición: puede realizar ajustes críticos para su propia estabilidad.

Dos maneras importantes por medio de las cuales puede ajustar su estabilidad es ampliando su base de sustentación y descendiendo su centro de gravedad. Por ejemplo, un luchador puede aumentar su

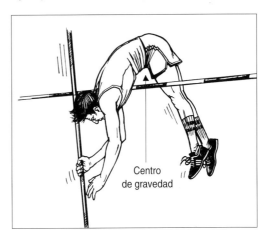

Centro de gravedad

estabilidad y disminuir su vulnerabilidad si adopta una posición amplia, manteniendo el centro de gravedad bajo al flexionar los tobillos, rodillas y caderas (ver foto superior). Y ¿qué es lo que hace a un golpe de kárate tan potente? Pues que se lanza desde una posición estable. Además, incluso a pesar de que su centro de gravedad se mueve continuamente —dependiendo de la actividad que esté realizando—, permanece por lo general en una posición cercana a los cinco centímetros por debajo de su ombligo (una razón importante por la que un defensor efectivo se centra en el ombligo del oponente).

Transferencia de potencia

Cuando usted está en posición erguida, su centro de gravedad es también el punto medio de su centro de potencia. Los movi-mientos deportivos, o incluso las tareas del hogar, como trabajar en el jardín, pueden mejorarse simplemente comprendiendo la relación entre el centro de gravedad y el movimiento pretendido. El desarrollo de su centro de potencia mejorará significativamente la eficiencia y efectividad de sus acciones físicas. Estoy seguro de que ha oído el viejo dicho, «Una cadena es tan fuerte como lo es su eslabón más débil». Para la mayor parte de la gente, el eslabón débil en el cuerpo es el centro de potencia. Veamos un ejemplo.

Imagine que un lápiz representa a sus piernas, y —en su honor— usted tiene las piernas más fuertes del mundo. Ha pasado centenares de horas entrenándolas. Por desgracia, usted ha omitido entrenar su tronco y su parte baja; imagine que un cubo de gelatina representa su torso. Su entrenador de baloncesto le ha pedido que salte y toque el aro, a 3,05 m de altura, una tarea que no debería suponer ningún problema, dada su increíble fuerza en las piernas. ¿Qué pasa con el cubo de gelatina? (ver figura *a* en la página 13).

Seis meses después, habiendo desarrollado sus abdominales y espalda baja, usted tiene un tronco fuerte, representado por una roca. Ahora, cuando se le pide que emplee sus fuertes piernas para realizar una acción explosiva, como tocar el aro, usted consigue unos resultados espectaculares. (Ver figura *b* en la página 13.) No importa cuánta fuerza sea capaz de generar con las piernas contra la roca, la transmisión de la potencia hacia el tren superior será casi del 100%.

Este acoplamiento creado por un tron-

La fuerza se disipa en la pastilla de gelatina.

Fuerza

Elevación

a)

Transmisión eficaz de la fuerza.

Fuerza

Elevación

b)

co fuerte conecta movimientos del tren inferior al superior y viceversa. En nuestro ejemplo, cuando la fuerza que genera la triple extensión de las articulaciones de su tobillo, rodilla y cadera se transmite por un medio sólido, se disipa poca energía y le proporciona tanto un mayor potencial de fuerza explosiva como un movimiento más eficiente. En resumen, los abdominales, la base sobre la que se fundamentan todos los movimientos explosivos, ya no son el eslabón débil de la cadena. Piense en términos de aumento de la transferencia de potencia al lanzar, golpear, saltar, correr, cortar el césped, levantar una caja pesada, etc. Al eliminar su cubo de gelatina, usted está, en efecto, desarrollando un potencial para utilizar un mayor porcentaje de la musculatura del tren superior e inferior para realizar una tarea. Esto se traduce en unos movimientos más eficientes, precisos y poderosos. No será una mala elección dedicar un cierto tiempo de su entrenamiento al desarrollo de su centro de potencia.

Eficiencia de la acción

¿Qué papel juega el centro de potencia en los movimientos que implican extremidades específicas, como chutar, golpear o lanzar? La regulación del tronco requiere un control neural delicado y un sistema muscular eficiente. Las mejores derechas y reveses en el tenis, los *swings* en el golf y el béisbol, los lanzamientos de revés, las bolas rápidas, las bolas en curva y los chutes son todos controlados por el centro de

potencia. Un tronco bien desarrollado inhibe los movimientos innecesarios. Por ejemplo, si el objetivo de un velocista es correr en línea recta, entonces debería canalizar toda su energía hacia su objetivo. Los brazos que se balancean de un lado a otro o las rodillas que se abren hacia los lados entorpecen ese objetivo de correr en línea recta. El buen deportista conserva la energía porque su tronco bien tonificado le da la capacidad de hacer que cada acción sea efectiva, permitiéndole moverse más eficientemente durante mayores periodos de tiempo.

Alineación del cuerpo

La eliminación de los efectos negativos de la gravedad es la clave para un rendimiento deportivo sobresaliente. Una forma de hacerlo es buscar una correcta alineación corporal. La fuerza se transmite más eficientemente a través del cuerpo en línea recta, pero a causa de centros de potencia pobremente desarrollados, los deportistas suelen adoptar malas postu-

ras, que conducen a movimientos menos eficientes (ver figura de la página 14). Dichos deportistas no serán capaces de maximizar sus potenciales de fuerza explosiva, y gastan frecuentemente energía por medio de movimientos en sacudida, descoordinados y extraños. Además, debido a la falta de fuerza abdominal para mantener una alineación corporal correcta, son los más propensos a sufrir lesiones.

DESARROLLO DE LA FUERZA DEL TRONCO

La *fuerza muscular* es definida como la capacidad de un músculo o grupo de músculos de ejercer la máxima tensión durante un esfuerzo. La *resistencia muscular* es la capacidad de un músculo o grupo de músculos de ejercer tensión repetidamente durante un periodo de tiempo prolongado. El desarrollo tanto de la fuerza como de la resistencia muscular es una preocupación fundamental para la mayoría de deportistas de nivel. En el deporte, en igualdad de condiciones, el atleta más fuerte tendrá más posibilidades de ganar. Asimismo, la fuerza es un ingrediente fundamental en la fórmula del nivel de forma física. Los beneficios más evidentes del entrenamiento de fuerza son:

- mejora de la fuerza muscular,
- mejora de la resistencia muscular,
- mejora de la potencia,
- mejora del control motor y,
- disminución del riesgo de lesión.

Dos filosofías del entrenamiento de la fuerza

Una poco acertada aunque popular filosofía del entrenamiento de la fuerza para deportistas dice: focalice el entrenamiento principalmente en la región del cuerpo que más incida en el rendimiento en su disciplina. Por ejemplo, si la disciplina hace hincapié especial en los empujones, lanzamientos y tirones, entonces su principal preocupación se centrará en el entrenamiento de la fuerza del tren superior. Luego seguirá con una rutina de tren inferior y finalmente —si hay lugar para ello— con la región del centro de potencia. Para desarrollar completamente el potencial de fuerza y potencia del atleta, el principal enfoque del programa de entrenamiento debería centrarse en los abdominales y la espalda baja —debido al hecho de que todos los movimientos se originan en el tronco o se acoplan por medio de él—, seguido por el desarrollo de aquellos músculos principales específicos de las acciones o movimientos de ese deporte.

Sobrecarga progresiva

La historia del entrenamiento de la fuerza se remonta a los tiempos en que el éxito deportivo suponía frecuentemente la muerte del oponente. No queriendo sufrir tal destino, un luchador griego, Milo de Crotona, diseñó lo que fue seguramente el primer programa de entrenamiento de resistencia progresiva. La leyenda cuenta que cada día Milo cargaba un ternero sobre sus hombros y caminaba la distancia de un estadio[1]. Comenzó cuando el ternero era un joven lechal y continuó su programa cargando el mismo animal hasta que alcanzó una edad adulta (ver figura inferior). Naturalmente, cada día, a medida que el ternero se hacía más grande y pesado, Milo necesitaba adaptarse al aumento de resistencia mediante un aumento de la fuerza. Durante 24 años, Milo resultó imbatido en el terreno de lucha.

Aun siendo primitivo, seguimos empleando el mismo concepto de Milo de sobrecarga progresiva cuando aumentamos el estrés que imponemos al músculo a medida que es capaz de producir más fuerza.

Fuerza absoluta versus relativa

Por desgracia, la mayoría de entrenadores, atletas y practicantes de *fitness* miden el éxito de sus programas de entrenamiento de fuerza por la fuerza absoluta, o la máxima cantidad de fuerza que un músculo o grupo de músculos puede generar. Para determinar una medición más precisa del progreso, es más adecuado, sin embargo, valorar la relación fuerza-peso, o fuerza relativa. La fuerza relativa viene expresada como la fuerza por kilogramo de peso corporal. De esta manera, podemos hacer una comparación más precisa entre la fuerza de dos sujetos de

diferente constitución corporal. Por ejemplo, una persona que pesa 70 kg es capaz de levantar 120 kg, mientras que una persona de 110 kg es capaz de levantar 150 kg. La persona más pesada tiene, por supuesto, una mayor fuerza absoluta, pero la más ligera tiene una mayor fuerza relativa. Ha levantado más carga por kilogramo de peso corporal (aproximadamente 1,7 kg) que la persona más grande (1,3 kg).

Entrenamiento dinámico

Los músculos del tronco y el torso no sólo son los responsables del mantenimiento de la postura, sino también de la eficiencia necesaria del movimiento en las actividades deportivas. El tronco y el torso son capaces de realizar movimientos en un número ilimitado de planos. Por lo tanto, el entrenamiento de la fuerza estático, en un plano, no es muy práctico. La naturaleza dinámica del deporte dicta que, para que un programa de fuerza sea efectivo, hay que desarrollar el centro de potencia para trabajar de la forma que se necesita.

N. del T. «Estadio»: Medida de longitud que equivalía a 175 m. — Crotona era una ciudad siciliana de la Magna Grecia.

Actividades que incluyan la flexión, extensión, rotación y el infinito número de combinaciones de estos tres movimientos básicos desarrollarán de una manera más completa el tronco. Todos los movimientos deportivos y las actividades cotidianas dependen de este fundamento dinámico. El fortalecimiento de este eslabón le asegurará la efectividad de todo su programa de entrenamiento. No sólo desarrollará sus abdominales, sino que fortalecerá todo el cuerpo.

Establecimiento de objetivos

Sea deportista o no, es importante establecer objetivos de entrenamiento. Tanto si su propósito es aumentar la velocidad de sus golpes en tenis o incrementar 8 cm su salto vertical, determine qué músculos están implicados en el movimiento o acción y diseñe un programa que incida específica y progresivamente en esos músculos. Incluya actividades de entrenamiento específico que imiten los patrones motores, la implicación muscular y las velocidades que se va a encontrar durante la actividad real o deportiva. Después, gradualmente construya sobre sus habilidades. Para ayudarle, en este manual hemos incluido una amplia variedad de ejercicios para el tronco y el torso que puede realizar a diferentes velocidades y ángulos. Valore las demandas de su deporte o actividad, determine la implicación de la musculatura abdominal y lumbar, y después incida más en los ejercicios que cumplen con las demandas.

Mitos acerca del entrenamiento de la fuerza

Muchas personas creen que el entrenamiento de la fuerza les hará lentos, tensos o pesados, o que el músculo se convertirá en grasa una vez dejen de entrenar. La mayor parte de estas ideas no tienen ningún fundamento. El entrenamiento de la fuerza puede, de hecho, mejorar la flexibilidad si se realiza correctamente a lo largo de un rango de movimiento *completo*. Si está preocupado por aumentar su peso, comprenda que tendrá un mayor potencial de fuerza al aumentar la talla y, por lo tanto, el peso de sus músculos. Por ejemplo, 5 kg más de masa muscular pueden mover muchos kilos más que 5. Además, aun cuando dejase de entrenar fuerza durante un largo periodo de tiempo, sus fibras musculares pueden perder tamaño, pero es fisiológicamente imposible que el tejido muscular se convierta en grasa. La principal razón por la que los deportistas que disminuyen su entrenamiento tienden a aumentar su grasa es que, aunque ya no necesiten consumir las grandes cantidades de alimento necesarias para un entrenamiento de alto nivel, suelen seguir consumiendo la misma dieta alta en calorías, provocando que este exceso se convierta en grasa.

DESARROLLO DE LA POTENCIA DEL TRONCO

La adquisición de fuerza es sólo un componente del desarrollo de su centro de potencia. Los movimientos deportivos requieren por lo general acciones musculares explosivas, balísticas y bien coordinadas. La capacidad de ganar fuerza en el gimnasio y aplicarla de manera efectiva en el terreno de juego es el objetivo final de cualquier programa de entrenamiento de fuerza. El deportista más fuerte no es necesariamente el más potente. La potencia y la fuerza no son sinónimos. La potencia depende de la fuerza y la velocidad, de ahí el término «fuerza velocidad». Para que los deportistas aprovechen al máximo sus ganancias de potencia, deben incluir un componente de *velocidad* en su entrenamiento.

Potencia = (Fuerza x Distancia) / Tiempo

En términos simples, la potencia es una relación entre la fuerza y la velocidad.

La *velocidad* puede ser definida como el tiempo que lleva moverse desde un punto A a un punto B. La distancia entre el punto A y el B podría ser los 42,128 km de la maratón, los 3,05 m existentes desde el suelo hasta el aro de baloncesto o, al batear, la distancia desde la posición erguida hasta el punto de contacto con la pelota. Una vez haya combinado la velocidad con la fuerza, las largas horas en la sala de pesas empezarán a dar sus frutos y la fuerza específica del deporte, o *funcional,* se traduce en potencia.

Digamos que, por ejemplo, dos atletas realizan un press de banca. Ambos intentan levantar el mismo peso. El primer atleta desciende la barra hacia el pecho, después la empuja hacia arriba hasta extender los brazos. El tiempo requerido para mover la barra desde el punto A (pecho) hasta el punto B (la posición de brazos bloqueados) es de 3 segundos. Con el segundo atleta, el tiempo transcurrido para mover la barra desde el punto A al B es de sólo un segundo. El peso levantado por ambos deportistas es idéntico, pero el menor tiempo empleado por el segundo levantador indica una mayor producción de potencia.

El atleta que trabaja para construir la fuerza muscular debería también integrar igualmente la velocidad en su programa de entrenamiento. El encadenamiento de los componentes de velocidad y fuerza conducirá a la excelencia en el rendimiento deportivo.

Desarrollo de la velocidad

El desarrollo del componente de velocidad de la potencia difiere considerablemente de los programas clásicos para mejorar la fuerza. Típicamente, usted puede aumentar su fuerza muscular por medio de un entrenamiento con pesas coherente y progresivo. El entrenamiento de la velocidad, sin embargo, no se consigue tan fácilmente con visitas regulares a la sala de pesas. Los factores que influyen en el desarrollo de la velocidad incluyen:

1. Las características genéticas individuales, y
2. la fisiología del sistema muscular.

Características genéticas individuales y su relación con la velocidad

Los tipos de fibras musculares (es decir, los tipos de células musculares) influyen en la velocidad. Para nuestros propósitos, señalaremos dos tipos de ellas: las de contracción rápida y las de contracción lenta. Las fibras de contracción rápida generan una gran potencia, pero se fatigan enseguida. El cuerpo genera la energía requerida para contraer una fibra de contracción rápida anaeróbicamente, o sea, sin oxígeno. Estas fibras se adaptan mejor para acciones cortas y explosivas, como los esprints, los levantamientos olímpicos y los remates en voleibol. Por el contrario, las fibras de contracción lenta requieren oxígeno para contracciones sostenidas y, por lo tanto, son ideales para actividades de resistencia, como el esquí de fondo, las carreras de maratón o una carrera ciclista como el Tour de Francia. Los atletas que participan en deportes de resistencia suelen tener un mayor porcentaje de fibras de contracción lenta en los músculos que se emplean predominantemente en esos deportes. Inversamente, los músculos de los atletas cuyos deportes requieren acciones explosivas tienden a contener un mayor porcentaje de fibras de contracción rápida. La mayoría de atletas de alto nivel se inclinan hacia deportes que son compatibles con su herencia genética.

Todos hemos nacido con un cierto porcentaje de fibras de contracción rápida y lenta. Aun cuando sus músculos sean predominantemente de contracción lenta, eso no significa necesariamente que usted esté destinado a ser siempre lento. Por supuesto, nunca va a ser tan rápido como un mono, pero siempre podrá ser más rápido de lo que es ahora. Simplemente debe aprender cómo aprovechar al máximo lo que ha heredado.

Una manera de hacer esto es empleando un mayor porcentaje de su capacidad de contracción rápida. Pongamos un ejemplo (asuma que los dos atletas tienen la misma altura y peso):

El atleta uno tiene:
  52% de fibras de contracción rápida
  48% de fibras de contracción lenta.
El atleta dos tiene:
  48% de fibras de contracción rápida
  52% de fibras de contracción lenta.

Ambos atletas realizan un test de salto vertical, que es una buena manera de medir la potencia de las piernas:

El atleta uno (predominantemente de fibras rápidas) salta 61 cm.
El atleta dos (predominantemente de fibras lentas) salta 66 cm.

¿Cómo puede ser esto? El atleta uno, dada su genética, debería saltar más que el atleta dos. Si pudiéramos determinar qué porcentaje de músculo fue empleado para realizar el salto, podríamos observar que el atleta uno empleó un 75% de su potencial de contracción rápida mientras que el atleta dos empleó un 85% del suyo.

Atleta uno: 52% de rapidez genética x 75% de porcentaje de utilización = 39% de potencial.
Atleta dos: 48% de rapidez genética x 85% de porcentaje de utilización = 41% de potencial.

Por lo tanto, no importa lo que la gente pueda decir o lo que usted pueda pensar acerca de «ser lento», nadie ha alcanzado su potencial y cada uno de nosotros tiene un espacio tremendo para las mejoras. El entrenamiento puede aumentar o superar parcialmente a los genes.

Fisiología muscular y su impacto en la velocidad

Una manera de utilizar más su amplia reserva de potencial consiste en desarrollar más los procesos fisiológicos que ya ocurren de manera natural.

Reflejo de estiramiento. Por ejemplo, el componente de velocidad de la potencia está directamente influenciado por un aspecto muy entrenable denominado *reflejo de estiramiento*. Si examinase un músculo por medio de un microscopio, descubriría pequeños mecanismos sensoriales denominados *husos musculares*. Estos husos son de aproximadamente el mismo tamaño de una fibra muscular (o célula) y se encuentran entre las fibras musculares y paralelamente a ellas (ver figura inferior). La

principal responsabilidad de un huso es prevenir lesiones en las fibras expuestas a un estiramiento rápido y/o demasiado fuerte, por encima de la tolerancia del músculo, lo que puede ocurrir habitualmente a causa de la naturaleza balística de la mayoría de movimientos deportivos. Los músculos, sin embargo, pueden también utilizar los husos musculares para generar una contracción más potente. Así es cómo funciona. En las fotos de abajo, el atleta está realizando un salto vertical (algunas veces denominado como salto con contramovimiento).

El salto expone a aquellos músculos que cruzan los hombros, la cadera, rodilla y tobillo a un *estiramiento rápido*, principalmente como resultado de la gravedad y el peso corporal. Debido a que los husos musculares se disponen en paralelo a las fibras musculares, también se ven estirados. Los husos sienten el estiramiento y envían un mensaje al sistema nervioso central (cerebro y médula espinal). Como consecuencia, el sistema nervioso central

Huso muscular   Fibras musculares

ordena a los músculos a contraerse más poderosamente, dependiendo de la velocidad y magnitud del estiramiento. Si este mecanismo sensorial no existiese, o por alguna razón no estuviese funcionando, el rápido estiramiento lo más probable es que causase una lesión en el músculo. La respuesta del huso muscular, al ser combinada con una contracción posterior voluntaria o intencionada, puede ayudar al atleta a realizar movimientos más explosivos.

Energía elástica almacenada. Otro fenómeno fisiológico importante del músculo es el denominado *energía elástica almacenada*. Piense en el estiramiento de una goma elástica. Imagine que la elasticidad de la goma es similar a las propiedades elásticas del músculo (fibras) y su tendón. A medida que estira la goma, se almacena energía en sus propiedades elásticas. Cuando suelta un extremo, suelta esa energía almacenada (ver figura de debajo). Existe una diferencia importante, sin embargo, entre una goma y una fibra elástica. En la goma, cuanto mayor sea el estiramiento mayor será también la energía almacenada y después liberada. Pero en las fibras musculares no es la magnitud, sino la velocidad del estiramiento lo que determina cuánta energía se almacena para usar en la contracción inmediatamente posterior.

Puede aprovecharse de la elasticidad inherente a un músculo. El bateador de béisbol irguiendo el cuerpo con el bate sostenido en lo alto justo antes de realizar el *swing,* o el lanzador de disco rotando las caderas justo antes de lanzar, son claros ejemplos de este ciclo de estiramiento-acortamiento. Este proceso fisiológico es indudablemente entrenable, y la mayor parte de los programas emplean técnicas y actividades diseñadas para mejorarlo.

En menor medida, el ciclo de estiramiento-acortamiento puede ayudar a reclutar un mayor porcentaje de músculo para realizar una tarea determinada. Consecuentemente, su reserva de potencia será más ampliamente explotada. Una potencia superior en la región del tronco mejorará directamente todos los movimientos deportivos. El término técnico para este tipo de entrenamiento que incorpora al huso muscular y la elasticidad muscular es el de *pliometría*. Varios de los ejercicios que expondremos en el capítulo 8 se dirigen específicamente al entrenamiento del ciclo de estiramiento-acortamiento de los abdominales por medio de la pliometría.

El porqué algunos deportistas han logrado aprovechar su potencial un poco más que el resto de nosotros seguirá siendo siempre un misterio. Pero recuerde que

no importa cuál sea su capacidad actual, siempre podrá mejorar.

DESARROLLO DE LA AGILIDAD

Con una comprensión más clara de la importancia de la fuerza y la velocidad, usted puede empezar a aprovechar su amplia reserva de potencial dormida. Dése cuenta, sin embargo, de que el poseer fuerza y potencia es una cosa, y que la capacidad para controlarla y utilizarla en el terreno de juego es otra bien distinta. Afortunadamente, para los deportes que requieren cambios rápidos de dirección, como el baloncesto, el bádminton, el tenis y el voleibol, un centro de potencia bien desarrollado mejorará mucho la agilidad. La agilidad está directamente relacionada con la estabilidad y es la capacidad de cambiar de dirección de manera precisa sin sacrificar la velocidad. Esto a veces es denominado *equilibrio dinámico*. Muchos deportistas son separados de sus equipos no por falta de la velocidad necesaria, sino porque no pueden controlar de manera efectiva esa velocidad.

Semejante a la agilidad, estabilidad y equilibrio dinámico es la *automaticidad* (a veces denominada sentido kinestésico). ¿Se ha dado cuenta de cómo algunos atletas tienen una capacidad asombrosa de «ver» todo el terreno de juego, sabiendo cuándo pasar la pelota a un compañero para realizar una bandeja fácil o un remate a gol? ¿O ha observado a un jugador de tenis que está en la red cuando su rival le hace un globo y, sin mirar la pelota, esprinta hasta el fondo de la pista y se gira de

forma que la pelota cae justo ante sus pies, y realiza una devolución perfecta? Esto es denominado a veces como «sentido de la cancha» y es una cualidad que todos poseemos —en distintos grados—.

Los grandes atletas parecen tener «ojos detrás de la cabeza» cuando se trata de realizar movimientos espectaculares hacia la canasta o pasando la pelota unas décimas de segundo antes de que un jugador se desmarque. Esta capacidad ha sido denominada como la «zona de concentración relajada». Jerry Rice, Steffi Graff, Anfernee Hardaway, Gregg Madux, Michael Jordan son ejemplos de deportistas que regularmente rinden en esta zona. La automaticidad conoce lo que los músculos están haciendo en relación al medio ambiente. Este *conocimiento espacial* es un «sentimiento» de lo que le rodea a uno. Sentirse suave o pesado, ligero o forzado, en equilibrio o fuera de control estimula un feedback continuo, lo que lleva a los ajustes necesarios.

La capacidad de alcanzar los máximos resultados con el mínimo esfuerzo indica un conocimiento kinestésico muy refinado. A medida que practique los ejercicios de este libro, se dará cuenta de que la naturaleza bilateral (es decir, trabajar las dos partes del cuerpo) de los ejercicios es muy similar a las de las técnicas deportivas reales. Valore las habilidades específicas requeridas para practicar su deporte, después escoja los ejercicios que más se asemejen a dichas habilidades, y enfatice el desarrollo de los músculos del centro de potencia de manera específica a sus necesidades de movimiento y técnicas.

2

UN TRONCO FUERTE PARA
EL FITNESS

Nos hemos centrado en el fortalecimiento del centro de potencia para el rendimiento deportivo. Pero un tronco fuerte es igualmente básico para la salud y la forma física general. Por ejemplo, el dolor de espalda baja (lumbalgias) es uno de los problemas más comunes entre la población adulta. Aproximadamente el 80% de la población tendrá, en algún momento de su vida, problemas en la zona lumbar. Las lumbalgias son causantes de más horas de trabajo perdidas que cualquier otra enfermedad laboral. Las lumbalgias crónicas afectan a millones de personas todos los días. Las compañías de seguros gastan millones en el tratamiento de estas dolencias que podrían haber sido evitadas. Ni siquiera los deportistas son inmunes a los efectos debilitantes de esta lesión. En 1995, un 38 % de los tenistas profesionales se perdieron al menos un torneo debido a problemas en la espalda.

base del cráneo hasta la parte trasera de la pelvis.

La columna vertebral rodea a la frágil médula espinal, proporcionándole una protección vital. Ayudada por los músculos del tronco, la columna sostiene la cabeza, ayuda a mantener una postura erguida y facilita una gran cantidad de movimientos, como las flexiones y los giros. Entre cada vértebra se encuentran los *discos intervertebrales*. Los discos están compuestos de un duro anillo externo de *fibrocartílago* rellenado por una sustancia blanda gelatinosa. Estos discos se comprimen, permitiendo el movimiento y actuando como amortiguadores de los impactos.

Desafortunadamente, tendemos a abusar de estas estructuras adquiriendo malos hábitos de levantamiento: malas posturas al estar de pie, sentado, durmiendo o caminando; y generalmente estando fuera de forma.

ANATOMÍA DE LA ESPALDA

La columna es una estructura complicada y, junto con el esternón y las costillas, constituye el armazón esquelético del tronco y el torso. En la columna de un adulto normal, se disponen 26 vértebras desde la

UN TRONCO FUERTE Y EL DOLOR DE ESPALDA

¿Cuál es la causa exacta del dolor en la espalda baja? Nadie está seguro, pero la falta de flexibilidad, las malas posturas, la obesidad, el estrés y la tensión y la inacti-

vidad son factores potenciales que contribuyen a los problemas de lumbalgias. Factores como las debilidades o desequilibrios musculares son frecuentemente directa o indirectamente los culpables.

Sujetando la columna

Un tronco y torso débil puede conducir a movimientos extraños. Al final, los movimientos ineficientes, particularmente mientras una persona está fatigada, pueden ser una fuente importante de lesión. Unos músculos de la espalda fuertes aumentan la estabilidad de la columna y previenen un excesivo estrés en las estructuras de soporte, como los ligamentos y el tejido conectivo alrededor de los discos. Unos músculos abdominales fuertes contribuyen a la sujeción de la columna al aumentar la presión interna de manera muy parecida a como el cinturón protege a un levantador de pesas durante un entrenamiento intenso. Este aumento de la presión intraabdominal ayuda a aliviar la carga en los discos espinales.

Alineamiento de la pelvis

El alineamiento de la pelvis está también influenciado por los músculos del torso bajo. Una curvatura pélvica muy hacia delante (anterior) o hacia atrás (posterior) influye en el dolor de espalda baja. Dos series de músculos opuestos (antagonistas) se combinan para mantener la integridad estructural de la región pélvica. Los flexores de la cadera curvan la pelvis hacia delante mientras los extensores de la cadera y los músculos abdominales curvan la pelvis hacia atrás. La falta de fuerza o flexibilidad en una o ambas áreas puede conducir a un mal alineamiento y, finalmente, al dolor de espalda. Tener la fuerza adecuada para realizar las tareas cotidianas, como levantar a un bebé, barrer hojas o sentarse ante el ordenador durante muchas horas, es clave para reducir la frecuencia y duración del dolor de espalda baja.

ENTRENAMIENTO SINÉRGICO

La espalda baja y el torso son capaces de realizar muchos movimientos. Todos los músculos del centro de potencia trabajan juntos para realizar estas distintas funciones. Sin embargo, usted puede aislar las regiones musculares del tronco y su parte baja y, por lo tanto, desarrollar la fuerza y la potencia en un movimiento específico. Si entrenamos cada parte del centro de

PREVENCIÓN DEL DOLOR DE ESPALDA BAJA

Para prevenir el dolor de espalda baja, siga estas medidas:

1. Antes de iniciar cualquier nueva rutina de ejercicios consulte con su médico. Si se está recuperando de una lesión de espalda o abdominal, asegúrese de que su doctor o fisioterapeuta aprueba *todos* los ejercicios que desea incluir en el régimen de entrenamiento de su centro de potencia.

2. A veces, los médicos no diagnostican la causa del dolor de espalda baja o lo catalogan como un signo de estrés o fatiga. Por lo tanto, si el dolor persiste, consulte con un especialista en espalda. Un médico o terapeuta puede prescribir tratamientos para desviaciones estructurales como la lordosis, la escoliosis o diferencias en la longitud de las piernas.

3. Fortalezca los músculos de sostén de la región del tronco. Este libro le ayudará.

4. Prepare siempre su cuerpo para el ejercicio físico. Incluya ejercicios de estiramiento durante el calentamiento y la vuelta a la calma. Enfatice en aquellos músculos que tienden a adquirir una rigidez excesiva. (Ver capítulo 3, «Calentamiento, estiramientos y vuelta a la calma».)

5. Emplee siempre sus piernas para levantar objetos pesados; mantenga las rodillas flexionadas, la espalda recta y el cuerpo cerca del objeto.

6. Intente perder peso, especialmente de su sección media. Esto puede causar una curvatura pélvica hacia delante y conducir a la tensión en la espalda baja.

7. Evite los ejercicios que expongan un excesivo estrés en la espalda, como los *sit-ups* con las piernas extendidas. Además, varias de las técnicas incluidas en este libro están orientadas para el deportista profesional. Nadie que haya sido diagnosticado como propenso al dolor de espalda baja, o que ya lo haya sufrido, debería realizar los ejercicios orientados al deporte, más demandantes, incluidos en este manual.

8. Lo más importante: mantenga una buena postura en todo momento.

potencia con una gran variedad de ángulos y con métodos estimulantes, el *todo* será más poderoso. Éste es el concepto de *sinergia.*

Sabiendo que los músculos de la región abdominal son interdependientes, hemos diseñado un programa de entrenamiento que incidirá primero en los músculos más débiles y después se centrará en los músculos más fuertes a medida que el programa progrese. Esto es importante para poder realizar la rutina y emplear el tiempo de manera más eficiente sin llegar a cansarse tanto que llegue a afectar a la técnica correcta.

La región del centro de potencia incluye algunos de los músculos más grandes del cuerpo. Unido al concepto de sinergia, todos los músculos del tronco y el torso deben ser igual y progresivamente estimulados para mejorar un funcionamiento eficiente.

Músculos abdominales

Los principales músculos de la pared abdominal están dibujados en la figura de la página 28.

Trabajando juntos, estos músculos pueden flexionar la columna hacia delante y hacia los lados, rotar el tren inferior y superior y comprimir el abdomen, lo que, como se ha comentado antes, es importante para inducir la presión interna que sujeta a la espalda baja. Además, la capacidad de controlar la presión abdominal ayudará en las técnicas respiratorias del diafragma. El *transverso* es un músculo particularmente importante para las mujeres que han esta-

do embarazadas. ¿Quiere recuperar su vientre liso de antes del parto? ¡Trabaje el transverso!

Músculos de la espalda

Como los abdominales, los músculos de la espalda son muy importantes para el correcto funcionamiento de la columna, y por lo tanto del centro de potencia.

Los músculos ilustrados en la figura de la página 29 ayudan a mantener la integridad de la espalda baja. Los músculos superficiales de la espalda, que descansan sobre el grupo *espinal*, también contribuyen a la estabilidad y en la mecánica de la zona lumbar y el torso superior. Estos músculos comprenden los grupos de los *trapecios, romboides, dorsal ancho* y *serratos.* Los músculos de los glúteos y las piernas estabilizan la pelvis y controlan la rotación pélvica. Los extensores y los flexores de la cadera están directamente implicados en los movimientos de la parte baja del tronco, específicamente el *glúteo mayor* y los *isquiotibiales.* Para esbozar una aproximación de entrenamiento total para desarrollar su centro de potencia, incorpore ejercicios que incidan sobre esta musculatura de soporte.

Identificación de la zona objetivo de cada ejercicio

En términos sencillos, nos referiremos a la musculatura del centro de potencia por medio de sus identidades *regionales*, no por sus nombres anatómicos. Cada ejercicio está asociado con un movimiento particular o el desarrollo de una región específica del tronco y el torso bajo. Con algunas modificaciones de la técnica, usted puede desplazar el énfasis de una región a otra. Estas regiones son las siguientes:

Oblicuos: oblicuos internos y externos.
Abdominales inferiores: porción inferior del recto abdominal y el transverso.
Abdominales superiores: porción superior del recto abdominal.
Espalda: toda la musculatura de la espalda.

La identificación de un ejercicio con una región en particular no quiere decir que otra musculatura ajena a dicha región no se vea implicada. Todo lo contrario. Por ejemplo, si en un ejercicio se considera a los abdominales inferiores como los responsables principales del movimiento (agonistas), los músculos de soporte del tronco y su parte baja actuarán como estabilizadores. Pueden incluso ayudar en el levantamiento, especialmente a medida que los agonistas se fatigan. Analizaremos este apartado con más detalle en el capítulo 4, «Pautas de entrenamiento».

Si su propósito es realizar un entrenamiento estrictamente abdominal, aísle sus abdominales limitando el rango de movimiento a menos de 45° medidos desde el suelo (ver foto de la página 30). Si supera los 45°, los potentes músculos del muslo (es decir, psoas y flexores de la cadera) serán los principales responsables del movimiento. Aunque los flexores de la cadera intervienen intensamente en los movimientos deportivos y deberían, por lo tanto, recibir cierta atención, no deben ser el principal objetivo de una sesión de entrenamiento abdominal.

CONSECUCIÓN DE UNOS ABDOMINALES FUERTES: ESTABLECIMIENTO DE METAS

¿Por qué quiere mejorar sus abdominales? Decida por qué y diseñe después un programa de entrenamiento que se ajuste a sus necesidades.

¿Quiere rehabilitar su espalda, prevenir o reducir el dolor? ¿Quiere mejorar su salud y forma física general? ¿Reducir peso? ¿Ganar peso? (¡Qué suerte tiene!) ¿Conseguir una buena condición física general? ¿Trabajar sobre la masa muscular? ¿Mejorar el rendimiento deportivo? Las combinaciones de motivaciones para comenzar un programa de ejercicio son tan variadas como los lectores que han comprado este libro.

Establezca metas realistas. El efecto «recortado», que es el orgullo y alegría de todos los culturistas, es el resultado de un estilo de vida dirigido a ganar masa muscular. Lo que solemos ver en las portadas de las revistas de culturismo es el resultado final de una precisa combinación de dieta, interminables horas en la sala de pesas y genética. A pesar de que el sueño de conseguir unos abdominales como una tabla de planchar puede ser una gran fuente de motivación, y a pesar de que algunos lo consiguen, para muchos otros es una meta

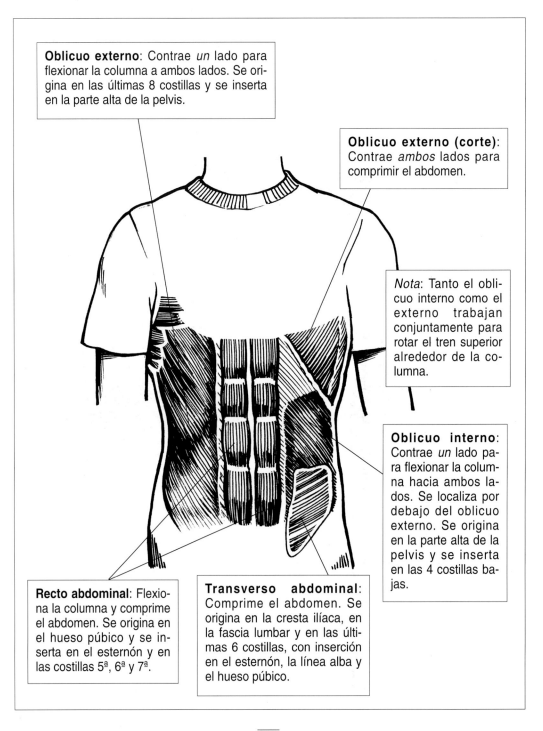

Oblicuo externo: Contrae *un* lado para flexionar la columna a ambos lados. Se origina en las últimas 8 costillas y se inserta en la parte alta de la pelvis.

Oblicuo externo (corte): Contrae *ambos* lados para comprimir el abdomen.

Nota: Tanto el oblicuo interno como el externo trabajan conjuntamente para rotar el tren superior alrededor de la columna.

Oblicuo interno: Contrae *un* lado para flexionar la columna hacia ambos lados. Se localiza por debajo del oblicuo externo. Se origina en la parte alta de la pelvis y se inserta en las 4 costillas bajas.

Recto abdominal: Flexiona la columna y comprime el abdomen. Se origina en el hueso púbico y se inserta en el esternón y en las costillas 5ª, 6ª y 7ª.

Transverso abdominal: Comprime el abdomen. Se origina en la cresta ilíaca, en la fascia lumbar y en las últimas 6 costillas, con inserción en el esternón, la línea alba y el hueso púbico.

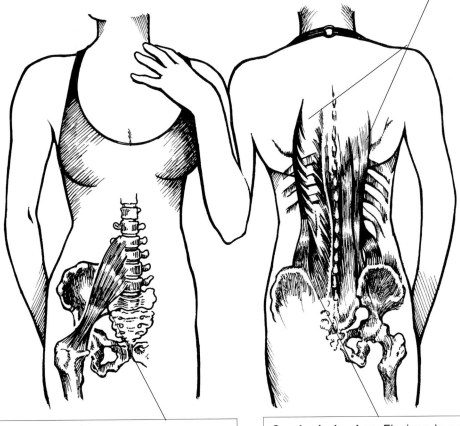

Grupo espinal: Extiende la columna. El grupo muscular recorre toda la longitud de la columna vertebral; sin embargo, la principal masa está localizada en la región lumbar.

Psoas mayor: Flexiona y rota el muslo a ambos lados y flexiona la columna. Se origina en las 6 últimas vértebras y se inserta en el fémur (parte frontal del muslo).

Nota: El psoas mayor es el principal flexor de la cadera, pero debido a que también flexiona la columna, ha sido incluido en los músculos de la espalda.

Cuadrado lumbar: Flexiona la columna a ambos lados. Se origina en la parte alta de la pelvis y se inserta en la 12ª costilla y en las vértebras lumbares superiores.

poco probable de alcanzar. Decida qué es lo que quiere, recordando que cualquiera que sea su condición física siempre podrá mejorar.

Además, sea cual sea su motivación, recuerde que aunque el fortalecimiento del tronco es fundamental para la forma física global, sólo es el comienzo de la consecución de una condición física completa. Planifique el entrenamiento sobre un buen centro de potencia para tener una estructura general saludable.

LA REDUCCIÓN DE GRASA

¿Son los *sit-ups* suficientes? No, si la capa de grasa cubre sus abdominales. Es difícil ver ese aspecto recortado si hay grasa justo por debajo de la piel. Usted podrá saber que sus abdominales están más fuertes, pero nadie más lo sabrá hasta que pierda la grasa. Desgraciadamente, muchos entusiastas del fitness mal guiados pasan horas realizando elevaciones de piernas o *sit-ups* en un intento inútil de quemar esa grasa. Pero no pierda sus energías en la «reducción localizada», porque

simplemente no funciona. La única solución es perder grasa.

Quizá no esté interesado en conseguir unos abdominales maravillosos y sigue el programa solamente para aliviar o minimizar el riesgo de lumbalgias. Esto es bueno, pero desde un punto de vista de la salud y la forma física, sigue siendo importante que la acumulación de grasa no se le vaya de las manos.

Provoque un déficit calórico

La mejor forma de perder grasa es provocar un déficit calórico, donde el gasto (ejercicio) sea mayor que la ingesta (consumición de alimentos). Para conseguirlo, tiene varias opciones:

1. Reducir la ingesta calórica.
2. Mantener las calorías de la dieta actual, pero aumentando el gasto calórico.
3. Reducir la ingesta y aumentar el gasto.

La opción combinada es la que más sentido tiene, ya que la reducción de la ingesta de alimentos que requiere es menos drástica que disminuir solamente la ingesta calórica, mientras que el ejercicio añadido mejorará su gasto calórico total y su salud general.

450 g de grasa equivalen a 3.500 calorías. Durante el curso de una semana, si ha eliminado 500 calorías por día de su dieta, teóricamente podría esperar perder 450 g de grasa por semana. Sin embargo, una dieta con una reducción de 500 calorías por día podría ser muy traumática. Una

aproximación mejor es hacer ejercicio y quemar parte de esas 3.500 calorías. Por ejemplo, si ha gastado 200 o 300 calorías adicionales por día (ver tabla 2.1), entonces usted necesitaría un déficit dietético de sólo 200 a 300 calorías —una cantidad más realista—. En una semana podría perder unos 450 g de grasa.

¿Qué debería comer?

Usted puede gastar más o menos calorías que otra persona según su nivel de actividad. Asimismo, puede necesitar más calorías que otras personas, pero en general, sin importar cuál sea su nivel de actividad o hábitos alimenticios, un 60-70 % de las calorías que ingiere deberían provenir de los carbohidratos, un 10-15% de las proteínas y no más de un 30 % de las grasas, con menos de un 10% de grasas saturadas.

Evite la tentación de las dietas caprichosas, controle su ingesta de grasas y calorías, y realice ajustes cuando sea necesario. Si a usted le gusta comer en abundancia, tenga en cuenta que un gramo de carbohidratos o proteínas equivale a cuatro calorías, mientras que un gramo de grasa equivale a nueve calorías. Esto significa que puede comer dos veces más carbohidratos o proteínas que grasas y consumir menos calorías. Con una información correcta, es posible mantener una dieta altamente energética y baja en calorías y perder medio o un kilo por semana —una meta sensible para la reducción de

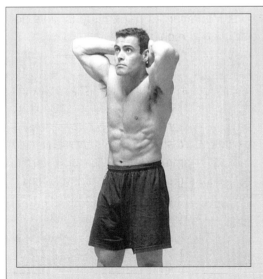

Es curioso como muchas veces en algunos deportistas esos «agarres del amor» que se disponen en sus costados a nivel de la cadera (justo por encima de la cresta ilíaca), no son depósitos de grasa, sino una bien desarrollada porción inferior de los oblicuos. La realización de un mayor número de ejercicios para los oblicuos con el objeto de minimizar la apariencia de acumulación de grasa alrededor de la sección media puede, de hecho, desarrollar esos agarres que está intentado erradicar. Si sus niveles de grasa corporal son relativamente bajos y siguen siendo visibles esos agarres, inciden menos en los ejercicios para los oblicuos. Sin embargo, los deportistas deberían realizar un desarrollo del tronco total y equilibrado. Si la aparición de «agarres musculares» es una consecuencia, tendrá que aprender a resignarse.

Tabla 2.1. Resumen del coste energético de distintas actividades físicas.

Actividad	cal/min*
Bolos (*en actividad*)	7,0
Golf	3,7-5,0
Andar por carretera o campo (5,6 Km/h)	5,6-7,0
Bicicleta (*suave a duro)*	5,0-15,0
Canoa (4-6,5 km/h)	3,0-7,0
Nadar (25-50 m/min)	6,0-12,5
Correr (10 min/km)	12,5
Balonmano	10,0
Subir por una cuerda	10,0-15,0
Marcha (8 min/km)	15,0
Marcha (6 min/km)	20,0

*Añada un 10% por cada 7 kg por encima de los 68 kg; reste un 10% por cada 7 kg por debajo de los 68 kg. Adaptado con permiso de B.J. Sharkey, 1997, *Fitness and health*, 4ª edición (Champaign, IL: Human Kinetics Publishers, Inc), pág., 239-241.

grasa—. Después de un par de meses de ejercicio y dieta sensible, observará un recorte positivo en todo su cuerpo.

Comprométase

Aunque las matemáticas son simples, el compromiso no lo es. Una buena fuente de información que le ayudará a motivarse es el libro *Nancy Clark's Sports Nutrition Guidebook* (2ª edición). No deje que el título deportivo le desanime. La información incluida en este libro es también beneficiosa para el practicante del fitness. Otra estrategia que puede seguir antes de realizar cambios drásticos en su dieta es contactar con la Asociación Dietética Americana (216 West Jackson Boulevard, Chicago, IL, 60606-6995, 312-899-0040) o con su médico para obtener ayuda en la localización de un dietista diplomado o de información nutricional. Encuentre la información y la ayuda que necesita y comprométase*.

* N. del E. Habría que incluir aquí la «Dieta Óptima» por su calidad y claridad.

3

CALENTAMIENTO, ESTIRAMIENTOS Y VUELTA A LA CALMA

Antes de comenzar con su rutina de entrenamiento abdominal, recuerde que la mayoría de lesiones son el resultado de la sobresolicitación de un sistema que no ha sido adecuadamente preparado para el estrés. Calentar y estirar sus abdominales para prepararlos para el trabajo físico sólo lleva diez minutos. El principal objetivo del calentamiento es preparar el cuerpo para el ejercicio y prevenir lesiones musculares y del tejido conectivo (los tendones no contráctiles que unen el músculo con el hueso).

CÓMO CALENTAR

La mayoría de calentamientos implican algún tipo de movimiento activo, como la marcha ligera, la carrera continua o los ejercicios calisténicos. Igual que un deportista, obtendrá mayores beneficios si su calentamiento imita las acciones básicas del deporte o actividad física que va a realizar. Esto prepara a su sistema de coordinación motriz y eleva su conocimiento kinestésico. Un calentamiento de baja intensidad estimulará la aportación de nutrientes que proporciona la sangre y aumenta la actividad enzimática de los músculos que trabajan. Todo esto producirá un aumento de la precisión, fuerza, velocidad

y elasticidad musculotendinosa, lo cual puede disminuir el riesgo de lesión.

ESTIRAMIENTOS

La capacidad de una articulación de recorrer todo su rango de movimiento, libre de impedimentos musculares o estructurales, es lo que se conoce como flexibilidad. Todo el mundo es diferente. Algunos son extremadamente «laxos» y nunca han tenido que trabajar su flexibilidad articular. Otros son casi tan flexibles como un junco. Así, ¿cuánta flexibilidad debería usted alcanzar? Si es lo suficientemente flexible para realizar con facilidad cualquier actividad de las que necesita hacer, usted está bien, tanto si está tendiendo la ropa como realizando saltos en la barra de equilibrio.

¿Estático o dinámico?

Las rutinas presentadas en este manual implican predominantemente los estiramientos *estáticos*. Para el deportista novel o la población en general, una rutina estática puede ser más que adecuada para estirar el tronco y el torso bajo. El estiramiento estático implica un movimiento inicial lento del músculo hasta el punto de conseguir una tensión cómoda —no debería sentir dolor—. Mantenga esta posición durante al menos 10 segundos —preferiblemente 15-20 segundos—. Sea consciente de sus limitaciones, evite los estiramientos por encima de su capacidad muscular. El estiramiento es la mejor manera de mejorar la flexibilidad muscular y, por lo tanto, disminuir la frecuencia y severidad de las lesiones del tejido blando (músculos y tendones). Una rutina de flexibilidad que implique estrictos estiramientos estáticos es todo lo que usted necesita para preparar su tronco y torso bajo para los ejercicios incluidos en los capítulos 6 y 7. Los estiramientos *dinámicos* requieren una mayor sensibilidad kinestésica y un mayor conocimiento de las limitaciones físicas de las que poseen los practicantes de fitness de nivel medio; por lo tanto, no los recomendamos para la población general. Incluso un deportista, si no está acostumbrado a este tipo de estiramientos, correrá un cierto riesgo de lesión. Pero dada la naturaleza de algunos de los ejercicios más avanzados de desarrollo de la potencia (capítulo 8) y las características frecuentemente explosivas de la mayoría de movimientos deportivos, la inclusión de una rutina dinámica estaría justificada. En caso contrario, limítese a realizar los estiramientos estáticos.

¿Cuánto calentamiento o estiramientos son suficientes?

Usted debería realizar de 3 a 5 minutos de algún tipo de actividad de baja intensidad, como caminar, los ejercicios calisténicos o la carrera continua. Después pase otros cinco minutos estirando los músculos con los que va a trabajar. Seleccione de 6 a 8 estiramientos que estén dirigidos a todo el tronco. Ponga un mayor énfasis en las zonas del muslo. Si pretende entrenar todo el cuerpo, necesitará pasar un mayor tiempo estirando.

Fuentes adicionales

Debido a que el objetivo de este libro se limita al desarrollo del centro de potencia, los siguientes estiramientos se centrarán en esa región específica del cuerpo. Sin embargo, desde el punto de vista del fitness, recomendamos que realice una rutina dirigida a los principales músculos del cuerpo. Si quiere saber más sobre estiramientos, en su librería habitual le pueden proporcionar libros desde los métodos tradicionales como el Tai Chi hasta los contemporáneos (y bastante efectivos) patrones de Aislamiento Activo provenientes de Sarasota, clínica de flexibilidad de Florida del gurú Aaron Mattes.

LA VUELTA A LA CALMA

No se olvide de la vuelta a la calma —uno de los elementos más obviados de cualquier programa de entrenamiento—. Los estiramientos que siguen son también una parte efectiva de su programa. Aunque es comprensible que la última cosa que quiere después de realizar un entrenamiento extenuante es pasar de 5 a 10 minutos más de vuelta a la calma, pueden ser los 5-10 minutos más importantes de todo el entrenamiento.

Al realizar actividad física, su cuerpo gasta energía, se destruyen fibras musculares, la temperatura corporal aumenta, la frecuencia cardiaca se acelera y tienen lugar otros fenómenos fisiológicos. Si su cuerpo no se recupera bien de todos estos aspectos entre dos sesiones de entrenamiento, el sistema se colapsará y usted dejará de progresar. Pero dejando la suficiente recuperación después de haber estresado su sistema aumentará su capacidad por encima de los niveles previos al estrés, que es lo único que pretende el entrenamiento físico progresivo. (Ver figuras de esta misma página).

La vuelta a la calma facilita el proceso de recuperación. Una marcha ligera, la carrera continua o una rutina de ejercicios calisténicos seguidos de unos estiramientos estáticos ayudan a eliminar los ácidos sobrantes (un subproducto de la síntesis de ATP) acumulados en los músculos, inicia la reparación de microrrupturas en las

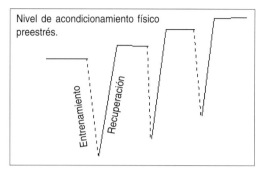

Efecto de adaptación positivo.

fibras musculares, facilita el enfriamiento del sistema corporal y ayuda a disminuir la frecuencia cardiaca a los niveles previos al ejercicio, todo lo cual le prepara para los entrenamientos posteriores.

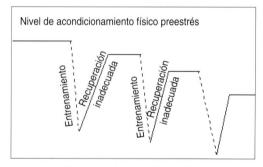

Efecto de entrenamiento negativo.

PAUTAS PARA EL ESTIRAMIENTO ESTÁTICO

■ No haga nunca rebotes o fuerce rápidamente un estiramiento estático. Una vez sienta una tensión cómoda, mantenga esa posición durante un mínimo de 10 segundos (preferiblemente 15 o 20), después relájese y repita (varias veces si el tiempo lo permite).

■ Mantenga una respiración lenta y rítmica. Esto ayuda a que su cuerpo se relaje, ayudando en el proceso de estiramiento.

■ Estudie los ejemplos, focalice la atención en una técnica correcta e intente aislar los músculos que esté estirando.

Estiramientos del tronco y el torso bajo

GIRO DE COLUMNA DE PIE

ESTÁTICO: DE PIE

Sitúese entre 30 y 60 cm de una abertura (como un rack o una puerta) con la espalda hacia la misma. Agarre el rack o el marco de la puerta. Gire lentamente hacia ambos lados del cuerpo.

PRESS DE ESPALDA BAJA

ESTÁTICO: DE PIE

Manteniendo los pies juntos, flexiónese hacia abajo lentamente y rodee por detrás sus rodillas con los brazos. Bloquee los brazos agarrando los codos. Intente estirar las piernas ligeramente. Concéntrese en «empujar» con la espalda baja. Si se realiza correctamente, sus piernas nunca se extenderán completamente.

Nota: Evite este estiramiento si sufre lumbalgia.

INCLINACIÓN LATERAL

ESTÁTICO: DE PIE

Con los pies separados un poco más que la anchura de los hombros, coloque la mano izquierda en la parte externa del muslo izquierdo y la mano derecha al lado de la cabeza. Flexiónese ligeramente hacia la izquierda, dejando que la mano se deslice hacia abajo por la pierna. Como siempre, trabaje en ambos lados.

GATO SENTADO

ESTÁTICO: SUELO

Sentado en una silla, flexiónese hacia delante lentamente y agarre las patas de la silla. Suba la espalda baja ligeramente hacia arriba.

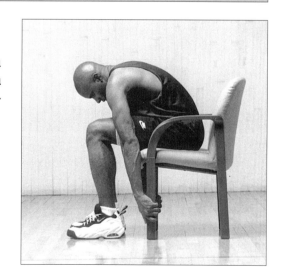

GATO

ESTÁTICO: SUELO

Apoyado sobre las manos y las rodillas, meta la barbilla hacia dentro y tense los abdominales. Curve la pelvis y levante o encorve su espalda.

GATO CON EXTENSIÓN DE PIERNAS

ESTÁTICO: SUELO

Desde la posición encorvada de gato, meta la rodilla derecha hacia el hombro derecho. Después extienda lentamente la pierna y eleve la cabeza, aplanando así la espalda. Recuerde trabajar ambos lados de su cuerpo.

PROGRESIÓN PARA EL GATO

ESTÁTICO: SUELO

Permaneciendo de rodillas, extienda ambos brazos por delante de la cabeza y mantenga las manos planas sobre el suelo. Descienda los glúteos hacia los talones. Alterne lentamente la presión del lado derecho al izquierdo.

Nota: Si tiene problemas en las rodillas, debería evitar este estiramiento.

EXTENSIÓN TOTAL

ESTÁTICO: SUELO

Tumbado sobre la espalda con los brazos y piernas completamente extendidos. Alcance tan lejos como sea posible en direcciones opuestas.

Nota: Para un estiramiento mayor, ancle el miembro superior agarrando un objeto pesado, como las patas de un sofá.

PIERNAS CRUZADAS

ESTÁTICO: SUELO

Sentado en una posición de piernas cruzadas, mantenga la espalda recta y la cabeza erguida, inclínese sobre la rodilla izquierda, mantenga y después repita con la rodilla derecha.

PIERNAS EXTENDIDAS SENTADO

ESTÁTICO: SUELO

Este ejercicio estira principalmente los isquiotibiales, pero para algunos sujetos tensos puede ser un excelente estiramiento para la espalda baja. En posición de sentado con las piernas juntas y extendidas, la espalda recta y la cabeza erguida, inclínese hacia delante hasta sentir un estiramiento cómodo. Recuerde seguir respirando.

ENROLLAMIENTO DE ESPALDA

ESTÁTICO: SUELO

Sentado sobre una superficie blanda, con los brazos unidos por detrás de las rodillas, enrolle la espalda lentamente sobre los hombros. Mantenga la barbilla metida hacia el pecho y evite rodar sobre el cuello. Vuelva a la posición inicial y repita.

Nota: Evite este ejercicio si ha tenido algún problema de columna.

ABERTURA DE PIERNAS

ESTÁTICO: SUELO

En posición sentada, abra las piernas con los dedos de los pies apuntando al techo. Con la espalda recta y la cabeza erguida, exhale lentamente, alcance su pie izquierdo y mantenga esta posición; repita con el otro pie. Si es necesario, coloque las manos sobre el suelo para lograr una mayor sujeción.

PROGRESIÓN PARA LA ABERTURA DE PIERNAS: ESTIRAMIENTO LATERAL

ESTÁTICO: SUELO

En la misma posición de piernas abiertas, en lugar de inclinar el tren superior hacia el pie, permanezca mirando hacia delante. Con el brazo derecho, estírese hacia el techo e inclínese hacia el lado y pie izquierdo. Fíjese en la posición del brazo y mano contraria. Repita en el otro lado.

RODILLAS HACIA LOS HOMBROS

ESTÁTICO: SUELO

Tumbado sobre la espalda con las manos juntas por detrás de las rodillas. Mantenga la espalda recta y tire de ambas rodillas hacia los hombros. Mantenga el contacto de la espalda contra el suelo durante todo el estiramiento.

RODILLA HACIA EL HOMBRO

ESTÁTICO: SUELO

Tumbado sobre la espalda, agarre la pierna izquierda por detrás de la rodilla. Tire lentamente de ella hacia el hombro izquierdo. Para estirar más la espalda, levante los hombros del suelo de 10 a 15 cm y mantenga la posición.

PROGRESIÓN DE RODILLA HACIA EL HOMBRO: RODILLA FLEXIONADA A UN LADO

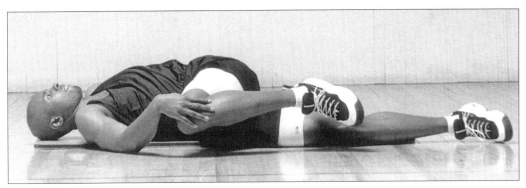

ESTÁTICO: SUELO

Para conseguir un excelente estiramiento de la espalda baja, comience con la posición descrita arriba, después devuelva los hombros al suelo, manteniendo la rodilla izquierda flexionada y cerca del hombro. Coja la rodilla con la mano derecha y tire suavemente de ella hacia el lado derecho. Asegúrese de mantener ambos hombros planos sobre el suelo.

PROGRESIÓN DE RODILLA HACIA EL HOMBRO: RODILLA EXTENDIDA A UN LADO

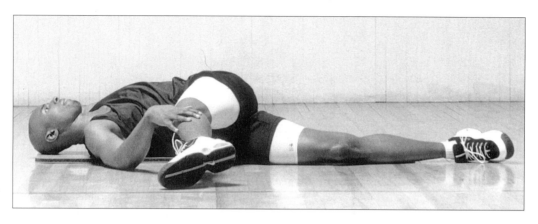

ESTÁTICO: SUELO

Con la rodilla hacia atrás cerca del hombro, extienda la rodilla izquierda y desciéndala lentamente hacia el lado derecho. Mantenga los hombros en contacto con el suelo.

PROGRESIÓN DE RODILLA HACIA EL HOMBRO: RODILLA FLEXIONADA CON LAS PIERNAS CRUZADAS

ESTÁTICO: SUELO

En lugar de tirar de la rodilla flexionada hacia un lado con la mano contraria, mantenga la rodilla izquierda flexionada, pero coloque el pie izquierdo plano en el suelo. Cruce la pierna derecha sobre la izquierda (con el tobillo derecho colocado justo encima de la rodilla izquierda) y descienda ambas piernas hacia el lado derecho. De nuevo, mantenga ambos hombros en contacto con el suelo.

PASO DE VALLA INVERTIDO

ESTÁTICO: SUELO

Sentado en el suelo, con la espalda recta y la cabeza erguida, extienda la pierna izquierda. Coloque la planta del pie derecho sobre la parte interna del muslo izquierdo. Focalice la mirada en el pie izquierdo. Exhale e inclínese lentamente hacia la pierna extendida, manteniendo la cabeza erguida.

PROGRESIÓN HACIA EL PASO DE VALLA INVERTIDO: ALCANCE POR ENCIMA DE LA CABEZA

ESTÁTICO: SUELO

Ahora coloque la mano izquierda sobre la rodilla derecha flexionada. Mire hacia el techo y alcance por encima de la cabeza con la mano derecha hacia el pie de la pierna izquierda extendida. Fíjese en la posición de los hombros.

PROGRESIÓN HACIA EL PASO DE VALLA INVERTIDO: PRETZEL

ESTÁTICO: SUELO

Siguiendo en la posición de paso de valla invertido, coja la rodilla derecha flexionada y colóquela al exterior de la pierna izquierda extendida, descansando el pie derecho plano sobre el suelo. Ahora coloque el codo izquierdo en la parte externa de la rodilla derecha. Gire hacia la derecha. A medida que mejore su flexibilidad, pase por encima y enganche la pierna extendida con la mano izquierda (ver foto de arriba). Esto le dará una mayor palanca, aumentando el estiramiento.

Precaución: Los tres siguientes estiramientos son excelentes para los abdominales, pero implican un cierto riesgo. Cada uno de los estiramientos requerirá que arquee la espalda ligeramente. Si la hiperextensión de espalda le resulta incómoda o no es recomendada por su médico, sáltese estos tres estiramientos y elija aquellos más apropiados para usted.

ESTIRAMIENTO ABDOMINAL

ESTÁTICO: SUELO

Echado sobre el estómago, extienda sus brazos por encima de la cabeza, las manos sobre el suelo. Levante suavemente el tren superior del suelo.

PROGRESIÓN PARA EL ESTIRAMIENTO ABDOMINAL: CODOS APOYADOS

ESTÁTICO: APOYADO

Echado sobre el estómago, eleve el tren superior y mantenga la posición apoyándose sobre los codos.

GIRO PRONO

ESTÁTICO: SUELO

Siga descansando sobre su estómago, extienda los brazos perpendicularmente al cuerpo. Levante la pierna izquierda y gírela como si intentara tocar la mano derecha con el pie izquierdo. Mantenga ambos hombros sobre el suelo.

PAUTAS PARA LOS ESTIRAMIENTOS DINÁMICOS

■ Estos ejercicios implican estiramientos dinámicos y a veces rápidos de los músculos. Sin embargo, comparados con la naturaleza balística de la mayoría de movimientos deportivos, implican un mínimo riesgo. Si un atleta no puede soportar el rigor de un estiramiento dinámico, tendrá un mayor riesgo de lesión durante la competición. Al contrario, los practicantes de fitness de nivel medio deberían realizar estos estiramientos con precaución o evitarlos por completo.

Estiramientos para el tronco y el torso bajo

ESTIRAMIENTO PUNTER

DINÁMICO: DE PIE

Colóquese sobre la pierna izquierda con la punta del pie mirando hacia la pared, apoye ambas manos en ella, manteniendo los hombros paralelos a la pared. Levante lentamente la pierna derecha hacia un lado (lateralmente). Después de una breve pausa y en un movimiento, pivote sobre el pie izquierdo y las caderas, y envíe la pierna derecha como si estuviera chutando un balón. Debería sentir un estiramiento en la espalda baja y los glúteos.

GIRO DE TRONCO DE RANGO COMPLETO

DINÁMICO: DE PIE

Coloque los pies ligeramente más separados que la anchura de los hombros con las manos en las caderas. Gire lentamente el tren superior en el sentido de las agujas del reloj, teniendo cuidado de evitar una hiperextensión extrema (arqueo) de la zona lumbar. Realice de 5 a 10 giros y después repita en la otra dirección.

GIRO DE TRONCO DE RANGO CORTO

DINÁMICO: DE PIE

La única diferencia entre este estiramiento y el de rango completo es que los pies están juntos y el movimiento es abreviado y rápido. Con las manos en la caderas, debería tener la sensación de estar empujando las caderas alrededor de un círculo.

GIRO COLGADO

DINÁMICO: DE PIE

Para este ejercicio, necesitará una barra de dominadas lo suficientemente alta como para permitir una extensión completa del cuerpo sin que los pies toquen el suelo. Emplee un agarre cómodo, con las manos separadas aproximadamente a la anchura de los hombros, y empiece a rotar lentamente el tronco de un lado a otro, empleando las piernas para impulsarse.

INCLINACIÓN LATERAL CON PALO

DINÁMICO: DE PIE

Coloque los pies en una posición cómoda, pero ligeramente más separada que la anchura de los hombros. Sostenga un palo sobre los hombros, empleando un agarre ancho. Desde esta posición, el estiramiento puede ser realizado tanto dinámica como estáticamente. El estiramiento dinámico implica un movimiento continuo de lado a lado, mientras que el estiramiento estático requiere una pausa mínima de 10 segundos en cada lado.

GIRO DE TRONCO CON PALO

DINÁMICO: DE PIE

Coloque el palo sobre los hombros, con los pies separados a la anchura de éstos. Rote el tren superior de izquierda a derecha varias veces. También puede realizar este ejercicio sentado.

ESTIRAMIENTO DE SAQUE DE TENIS CON PALO

DINÁMICO: DE PIE

Manteniendo el palo sobre los hombros y los brazos extendidos, coloque los pies a una anchura mayor que la de los hombros. Flexionando las rodillas ligeramente, gire lentamente y señale con la mano izquierda hacia el talón derecho. Moviéndose lenta y continuamente, repita en el lado contrario.

4

PAUTAS DE ENTRENAMIENTO

Desafiando a los escépticos, el movimiento del fitness continúa creciendo. Un número cada vez mayor de personas están interesadas en mejorar su salud. Desgraciadamente, los programas engañosos que prometen poner al participante en forma por medio de un ejercicio extenuante y dietas de moda pueden conducir a nuevos problemas. Afortunadamente, usted puede evitar muchas complicaciones simplemente ejercitándose de manera regular y segura.

El entrenamiento puede tanto construir como destruir los sistemas del cuerpo; usted debe conocer ambos procesos para diseñar el programa más efectivo posible. Un entrenamiento inadecuado puede ocasionar alguna lesión; un entrenamiento inteligente ayuda a prevenir las lesiones. Por ejemplo, cerca de la mitad de todos los corredores tendrán en algún momento de su vida problemas de rodillas y espalda. Son muchos los factores que pueden conducir a desequilibrios musculares: una mecánica, fuerza o flexibilidad inadecuadas, un equipo inapropiado como un mal calzado, técnicas de entrenamiento deficientes o el sobreentrenamiento. Estos desequilibrios le hacen más vulnerable. La eliminación o prevención de los desequilibrios comienza en el tronco. Así, antes de empezar a desarrollar su centro de potencia, tenga en cuenta algunas advertencias.

Este manual propone muchos ejercicios abdominales y para la espalda baja. Hemos seleccionado aquellos que pueden ser atractivos para los practicantes de fitness, pero no podemos adecuarnos a los diferentes tipos corporales, enfermedades específicas, lesiones y desviaciones mecánicas que existen. Por lo tanto, si tiene alguna reticencia al respecto —o con cualquier otro nuevo programa— consulte con su médico, entrenador, fisioterapeuta o con un instructor de fitness cualificado tanto para determinar si alguno de los ejercicios elegidos suponen un riesgo para usted como para establecer el nivel desde el cual debería comenzar.

Una vez establezca su nivel inicial apropiado, debería seguir una adecuada progresión de entrenamiento, mantener una técnica correcta y establecer una rutina frecuente para obtener los mayores beneficios del tiempo y esfuerzo invertidos. Primero, aprenda los pasos a seguir en cada ejercicio antes de intentar levantar un peso mayor o aumentar el volumen. ¡*Nunca* sacrifique la técnica para aumentar el peso o el número de repeticiones! Si no realiza una técnica correcta, puede adquirir patrones de movimiento incorrectos, desarrollar desequilibrios musculares (desarrollo de la fuerza asimétrica) o lesionarse. La única manera de maximizar su entrenamiento es seguir estrictamente las instrucciones del ejercicio.

Segundo, comience con un entrenamiento con cargas ligeras y pocas repeticiones, después aumente gradualmente el peso y las repeticiones de la rutina. Este libro incluye progresiones seguras, pero usted debe juzgar si su técnica le permite avanzar o no.

Tercero, entrénese con suficiente frecuencia como para provocar un efecto significativo. Inicialmente, recomendamos que entrene de 4 a 5 días por semana durante varios meses. Una vez haya alcanzado su objetivo —«abdominales como una tabla de planchar», eliminación de la lumbalgia, mejora del control motor, aumento de la fuerza y la potencia o similar— podrá disminuir la duración (número de repeticiones por serie) y la frecuencia de entrenamiento hasta dos veces por semana y seguir manteniendo sus ganancias. (*Nota:* los New York Knicks actualmente emplean una rutina de «tres días sí y uno no», entrenando el centro de potencia durante tres días seguidos y después tomándose un día de descanso.)

La frecuencia se refiere a *cuán a menudo* entrena su centro de potencia, mientras que la duración se refiere a la duración de un entrenamiento (medido por el número de series y repeticiones por sesión). La intensidad es el *nivel de dificultad*, que viene determinado por el aumento o disminución de la carga o la variación de la velocidad del ejercicio.

Después de lograr sus metas, podrá disminuir el número de entrenamientos, pero no la intensidad. Si disminuye la in-

tensidad, experimentará un rápido efecto de *desentrenamiento*. Los meses de trabajo duro y las grandes ganancias se pueden perder rápidamente una vez deje de entrenar. Asimismo, el ejercicio esporádico no desarrollará completamente su centro de potencia ni mejorará el rendimiento, ni tampoco disminuirá la incidencia o severidad de las lumbalgias. Sólo aquellos que se comprometen con seguir un entrenamiento regular mantendrán sus beneficios.

Aunque ya se ha comentado, le recordamos las siguientes precauciones: Este libro no puede tener en cuenta los distintos niveles de forma de sus lectores y siempre habrá excepciones a la regla. Aunque podemos recomendar mucho un ejercicio para el programa de entrenamiento de un deportista, puede ser perjudicial para la población en general.

• En general, evite las elevaciones de piernas bilaterales (dobles), los *sit-ups* con las piernas extendidas, los ejercicios en silla romana o cualquier ejercicio que arquee su espalda baja. El psoas es un músculo que va desde la parte alta de los muslos, a través de la pelvis, hasta insertarse en la espalda baja. Cuando las piernas están en una posición extendida, el psoas sufre una gran tensión y tira de la espalda baja. Si no tiene dolor de espalda, realice un pequeño experimento. Túmbese en el suelo sobre la espalda con las piernas extendidas. Eleve lentamente las piernas del suelo unos cinco centímetros e intente deslizar la mano por debajo de la zona lumbar. Si hay espacio entre el suelo y la espalda baja, entonces su columna está en hiperextensión y, por lo tanto, expuesta a un estrés potencialmente peligroso. Evite los ejercicios que expongan la columna a una marcada hiperextensión como ésta.

• La flexión extrema de la columna, lo contrario de la hiperextensión de espalda, también requiere precaución. Éste es uno de los inconvenientes de cualquier *sit-up* «completo». Los músculos abdominales trabajan como principales dentro de un rango de movimiento de 0° a 45°; cualquier movimiento por encima de 45° fuerza a los potentes flexores de la cadera y al psoas a asumir gran parte del trabajo. Si está encorvándose completamente hacia delante, decimos que su columna está en «flexión completa». Si la columna está en flexión completa, entonces la presión intradiscal aumenta, lo que puede causar problemas en sujetos con discos lumbares degenerativos. A no ser que realice sprints, saltos, chutes o cualquier otra actividad que requiera flexiones balísticas y explosivas de las caderas, aísle sus abdominales y concéntrese en aquellos ejercicios dentro de un rango de 0° a 45°.

• Debido a su peso o carga, la posición de las manos y brazos marca una diferencia significativa en cuanto al estrés a que expone a los músculos que trabajan y, finalmente, en la efectividad del ejercicio. Cuanto más lejos esté localizada la resistencia del eje de giro, mayor será la demanda en los abdominales. El eje de giro varía, dependiendo del ejercicio, pero está localizado generalmente entre la cadera y la cintura. Las fotografías de la página 56 y siguientes, muestran a un deportista realizando un enro-

llamiento (*curl-up*), empleando tres posiciones de brazos diferentes. El eje de giro de un enrollamiento está localizado en la cintura. En la fotografía *a* de la página 56, los brazos están delante y su peso está cercano al eje. En esta posición, los músculos abdominales trabajan menos intensamente para elevar el tren superior. La fotografía *b* de la página 57 muestra un posición de los brazos media, desplazando la resistencia más lejos del eje de giro y por lo tanto exponiendo a una mayor demanda a los abdominales para elevar el tren superior. Finalmente, en la fotografía *c* de esa misma página con los

brazos situados detrás de la cabeza, la resistencia está aún más lejos del eje de giro localizado en la cintura, y supone una mayor incidencia sobre los abdominales.

Si usted es un principiante en el entrenamiento abdominal o sus abdominales se parecen más a una pastilla de goma que a una tabla de planchar, debería comenzar todos los ejercicios con los brazos cerca del eje de giro. A medida que se desarrolle su fuerza, desplace progresivamente los brazos a posiciones más demandantes. Sin embargo, ¡nunca comprometa la técnica a la hora de determinar la posición co-

rrecta de sus brazos! Esto es especialmente importante cuando aparece la fatiga. La foto *d* de la página 57 muestra al ejecutante tirando de su cabeza y cuello en un intento de realizar unas cuantas repeticiones más. Desgraciadamente, corre el riesgo de lesionarse, especialmente cuando la fatiga comienza a concurrir con una técnica incorrecta. En lugar de arriesgarse a una lesión de cuello, debería simplemente recolocar los brazos desde posiciones más demandantes a posiciones más cercanas al eje de giro.

• A medida que aumente su fuerza y empiece a transformar la pastilla de goma en roca, podrá sentir la necesidad de aumentar la resistencia al colocar un peso, como puede ser un listín telefónico o un disco de acero, primero en su pecho, después eventualmente detrás de su cabeza. Aquí, tampoco sacrifique la técnica en un intento de aumentar la resistencia.

• La posición de las piernas también juega un importante papel en la efectividad de un ejercicio. Consulte de nuevo los ejemplos del eje de giro abdominal (ver páginas 56-57), sólo que esta vez discutamos la función de la piernas. Cuanto más lejos esté el peso de las piernas respecto del eje de giro, mayor será la palanca que pueda generar para elevar el tren superior. Por lo tanto, si acaba de comenzar un programa abdominal, puede experimentar con distintas posiciones de piernas según sea su nivel actual de fuerza abdominal. (Ver fotos *e* y *f* de la página 57.)

• Muchos practicantes de fitness que acaban de comenzar pueden no tener la fuerza abdominal suficiente como para rea-

a)

lizar un ejercicio sin ayuda y, por lo tanto, se desaniman rápidamente y no continúan el programa. Si la colocación de los brazos cerca del eje de giro y la extensión de piernas no proporciona la ayuda suficiente a los abdominales, pruebe estas opciones. Primero, intente mantener un peso ligero en sus manos para proporcionar un peso adicional más cerca del eje de giro (ver fotografía de la página 58).

Si sigue teniendo dificultad, cójase a las manos de un compañero y pídale que le ayude en el levantamiento. Evite tirar con sus propios brazos; en su lugar, concéntrese en aislar sus abdominales mientras un compañero le ofrece una ligera ayuda. Si todo esto falla, anclar los pies permitiendo que los flexores de la cadera ayuden en el levantamiento es preferible a no entrenar en absoluto. Cuando ancle sus pies, ya sea enganchándolos por debajo de un objeto fijo o haciendo que un compañero los sostenga, el foco del ejercicio se desplaza de los abdominales superiores tanto a los abdominales superiores e inferiores como a los flexores de la cadera. Pero siga siempre una técnica correcta. El rango de movimiento de la cadera permanece por debajo de 45°, la espalda baja está sujeta, no arqueada y puede concentrarse en los músculos específicos en los que está trabajando.

• Si su objetivo es la forma física general, es decir, desarrollar la fuerza y conseguir un vientre liso, realice los ejercicios de una manera lenta y controlada. Los movimientos de rebote le ofrecen la ventaja de proporcionar inercia, disminuyendo el trabajo de los abdominales.

• Recuerde que recomendamos los

b)

c)

d)

e)

f)

g)

ejercicios incluidos en el capítulo 8 principalmente para el deportista experimentado. El practicante de fitness general no debería intentar estos ejercicios más demandantes.

• Durante todos los ejercicios, mantenga su respiración rítmica y natural. Nunca sostenga el aliento. En líneas generales, debería espirar durante la contracción, o fase de levantamiento, e inspirar durante la relajación o fase de descenso. Recomendamos que, si es posible, realice los ejercicios delante de un espejo. Éste le dará un feedback visual inmediato, ayudándole a desarrollar más rápidamente una técnica correcta.

PAUTAS DE ENTRENAMIENTO

Para asegurar un desarrollo máximo del centro de potencia, siga estas pautas.

■ Fatigue siempre primero las regiones más débiles. Entrene sus abdominales siguiendo el orden:

1) Oblicuos
2) Abdominales inferiores
3) Abdominales superiores

■ Debido a que los abdominales superiores ayudan en los movimientos en los que se intenta incidir sobre la región abdominal inferior y los oblicuos, es importante no fatigar primero los abdominales superiores. Esto disminuiría la productividad de otros músculos del tronco. Para conseguir el sinergismo, o desarrollo completo, del centro de potencia, no se limite a trabajar sólo los músculos potentes; en su lugar, incorpore en su rutina a todos los músculos de la región.

■ Mantenga un equilibrio en los entrenamientos. Entrene siempre los músculos opuestos (antagonistas) de igual manera para prevenir desequilibrios musculares. Por ejemplo, los músculos de la espalda baja son opuestos a los abdominales.

■ Mantenga una contracción constante a lo largo de toda la serie. Reduzca el descanso al mínimo entre cada serie y nunca descanse antes de terminarla.

■ Si acaba de empezar un programa de entrenamiento abdominal, pruebe distintas posiciones de brazos y piernas hasta conseguir la fuerza suficiente como para realizar el movimiento correcto sin ayuda.

■ Como regla general, limite el rango de movimiento de los abdominales a 45° o menos. Excepciones: algunos de los ejercicios más avanzados que emplean el psoas y otros músculos secundarios para facilitar el movimiento (ver capítulo 8).

■ Debido a que los músculos abdominales pueden fatigarse muy aprisa, es fácil sucumbir a una mala técnica de cara a completar unas cuantas repeticiones más. ¡*Nunca* sacrifique la técnica!

■ Elija cierta variedad de ejercicios y mézclelos periódicamente. El atacar el tronco y el torso bajo desde diferentes ángulos asegurará un desarrollo total. Permita la recuperación de los músculos opuestos y evite el aburrimiento.

■ Incluya siempre unas rutinas de calentamiento y vuelta a la calma completas en cualquier sesión de entrenamiento.

■ Para mantener la progresión en su programa, a medida que aumente su fuerza incremente gradualmente tanto el número de repeticiones por serie como el número de series por sesión. Añada resistencia externa (por ej., listines telefónicos, discos de acero, muñequeras lastradas y similares) con mucha precaución. ¡Como siempre, *nunca* sacrifique la técnica para aumentar el número de series, repeticiones o peso!

■ La cadencia o velocidad del movimiento variará, dependiendo de la naturaleza balística del ejercicio y del rango de movimiento necesitado. Como regla general, realice lentamente la mayor parte de ejercicios de fuerza y tonificación, y los ejercicios de potencia a mayor velocidad. Fíjese en la cadencia sugerida debajo del título del ejercicio. Puede intentar variar la velocidad a lo largo de todo el movimiento. Por ejemplo, dos segundos para subir, pausa durante un segundo y después cuatro segundos para bajar.

Lenta	Cadencia lenta, una repetición por cada uno o más segundos.
Moderada	Cadencia media, de una a dos repeticiones por segundo.
Rápida	Cadencia rápida, más de dos repeticiones por segundo.
Explosiva	Cadencia explosiva, el número de repeticiones por segundo variará, dependiendo del rango de movimiento del ejercicio. Empleada principalmente en ejercicios con balones medicinales.

■ Recuerde que sus ganancias se perderán rápidamente si deja de entrenar.

5

EJERCICIOS DE ESTABILIZACIÓN Y EQUILIBRIO DEL TRONCO

¿Ha pasado alguna vez por un club de fitness y se ha fijado en algunas pelotas gigantes de colores dispersas? ¿Se ha preguntado cómo han llegado a parar a una sala de pesas los juguetes de una guardería? Debo admitir que en más de una ocasión me he encontrado a mí mismo driblando, pasando y chutando contra mis colegas con alegría juvenil, sólo para ser regañado por el fisioterapeuta y que me dijera que dejase las pelotas en paz. Aunque estas pelotas tienen muchas utilidades, su propósito original y nuestra principal preocupación es la gran cantidad de ejercicios de estabilización, flexibilidad y fortalecimiento del tronco que se pueden realizar de manera segura y efectiva con un aparato tan simple. Pero antes de empezar a botar sobre las pelotas, examinemos el valor de un tronco estabilizado.

VALOR DE UN TRONCO ESTABILIZADO

Los músculos abdominales y de la espalda baja juegan un papel dominante en controlar la postura, la estabilización lumbar (columna inferior) y un equilibrio corporal total. Consecuentemente, un tronco bien desarrollado disminuirá la probabilidad y severidad de la lesión y facilitará un movimiento más eficiente. Los levantamientos, las buenas posturas, el equilibrio, andar, realizar un *swing* en golf, correr y hacer un mate en baloncesto serían imposibles sin la implicación efectiva de los músculos del tronco.

Desgraciadamente, el estilo de vida sedentario de hoy en día ha intensificado la destrucción de este sistema estructural tan importante. Nuestra sociedad, que pensamos está acelerada, está de hecho físicamente inmóvil. Hace años, la fatiga era el resultado de un duro día de trabajo en el campo o en la fábrica. La fatiga relacionada con la labor física de nuestros abuelos ha sido sustituida por la fatiga relacionada con el estrés. Hoy en día, prevalece el estrés emocional y es frecuentemente el resultado de pasar interminables horas en atascos, volviendo a pasar a máquina documentos de 20 hojas aniquilados por un virus informático, o vacilando sobre qué espectáculo o qué programa de televisión ver de los miles disponibles.

El movimiento es esencial para la vida, aunque vivimos en una sociedad que no se mueve. Muchos se levantan de la cama por las mañanas, se preparan una tostada y una taza de café, van al trabajo, se sientan, vuelven a casa, se sientan en frente de la caja tonta, vuelven a la cama y al día siguiente repiten. No es extraño que nuestro tronco se haga más débil, tenso y menos efectivo. La inactividad prolongada, una mala condición física, los periodos largos en los que se está sentado o de pie con malas posturas y los años de posturas incorrectas pueden conducir a un deterioro estructural. Los músculos más débiles deben compensar el descenso de sus compañeros más grandes, lo que provoca desequilibrios musculares, articulaciones rígidas, lesiones en la espalda baja y otras articulaciones y, finalmente, una degeneración total del sistema.

La visita al médico se ha convertido en un modo aceptado de tratar los problemas físicos con nuestra mentalidad de arreglarlo todo rápidamente. Esta actitud pasiva nos aleja de nuestro propio potencial de salud y forma física. El ejercicio, en contraste, ayudará a mantener un funcionamiento adecuado de todos los sistemas corporales. La libertad de movimiento en armonía con el diseño del cuerpo, sin los perjuicios de las malas posturas, ayudará a eliminar la pasividad y, por lo tanto, a mejorar la salud y el bienestar. Debemos recobrar el control de nuestro potencial de rendimiento y forma física. Si tomamos el control del equilibrio, la estabilidad y la postura, el movimiento será eficiente, y nos conducirá a un rendimiento controlado con un mínimo de energía gastada. Esta conservación de energía nos permite tratar mejor el estrés físico y emocional, y permite al deportista rendir a una intensidad alta durante más tiempo con menos fatiga.

Los filósofos orientales han predicado estos conceptos durante miles de años. Para ellos, las prácticas de estabilización del tronco son un ritual diario tan importante como comer o dormir. Existen muchas técnicas basadas en la filosofía que comparten un visión similar. Es decir, mejorar la calidad de vida por medio de maximizar la eficiencia de la función física. Las artes marciales orientales concentran la mayor parte de su entrenamiento en el desarrollo del «Hara» (el tronco), el centro físico de nuestro ser.

La relajación de los músculos, hecha posible por un tronco fuerte, permite una mayor libertad y potencia en el movimiento, menos movimientos innecesarios y, lo más importante, la conservación de la energía por medio de movimientos eficaces. Sólo después de conseguir esta capacidad para canalizar la energía puede empezar a darse de cuenta de su tremendo potencial físico.

El movimiento controlado del cuerpo es también un prerrequisito de precisión de técnica. De hecho, la precisión comienza en el tronco. Además, la potencia desarrollada en esta zona debe ser capaz de, eventualmente, viajar a través del sistema musculoesquelético hacia las extremidades más orientadas a la precisión (musculatura distal).

TRANSFERENCIA DE POTENCIA

El objetivo del entrenamiento es transportar la tremenda capacidad de potencia del tronco hacia las extremidades a través de músculos cada vez más pequeños y débiles sin que haya pérdida de energía. Por ejemplo, bloquee el codo y la muñeca y extienda el dedo índice, luego intente empujar a su amigo: la fuerza generada por los músculos de la pelvis se transmitirá eficientemente desde el tronco al brazo extendido y las falanges con una pequeña pérdida de energía. El empujón resultante podría causar al menos alguna molestia —si no noquear a su amigo desequilibrado (ver figura *a* de la página 64)—. Sin embargo, si flexiona una de las articulaciones de la cadena, como por ejemplo el codo, la fuerza generada por el tronco se disiparía debido a dicha flexión. En otras palabras, los fuertes músculos del codo se hacen menos efectivos y el empujón resultante podría no ser más que unas simples cosquillas (ver figura *b* de la página 64).

¿Recuerda el ejemplo del velocista cuyo hombro, cadera, rodilla y tobillo estaban alineados? (ver página 14). En esta posición, durante la fase de empuje de la zancada, el velocista puede canalizar más eficientemente la fuerza generada desde los músculos del tren inferior, a través del centro de potencia, hasta el tren superior, y viceversa. Se necesita un tronco fuerte para conseguir esta alineación.

EQUILIBRIO

El equilibrio es la resultante de una correcta alineación del cuerpo. La adecuada relación entre el tronco y las piernas, brazos, manos y cabeza es esencial para conseguir una correcta alineación corporal.

Características de un buen equilibrio

Desde una perspectiva deportiva, una persona equilibrada demuestra las siguientes características:

1. Las rodillas están flexionadas, en lugar de extendidas, lo que crea un centro de gravedad bajo.
2. La base de sustentación es ancha con los pies generalmente paralelos.
3. El peso corporal se sitúa sobre los huesos de los pies.
4. El centro de gravedad es dinámico. Es decir, el deportista emplea continuamente movimientos rápidos, aunque controlados, para responder a los cambios repentinos de dirección.

La capacidad de ajustar con precisión los cambios de posición o de un equilibrio variable y de comprender las limitaciones en la batalla constante con la gravedad indica la consecución del equilibrio, una ca-

© Ron Barker

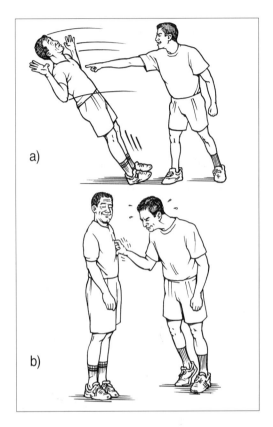

a)

b)

racterística que la mayoría de grandes deportistas posee.

Equilibrio dinámico

El mantenimiento del equilibrio y la estabilidad es un proceso dinámico. Sin ningún esfuerzo consciente, su sistema muscular está continuamente contrayéndose y relajándose para mantener una postura, sea la de sentado, de pie, andando, corriendo o cualquier otra imaginable. Su cuerpo está continuamente intentando mantener un estado de equilibrio. Varios órganos fisiológicos trabajan para alcanzar este objetivo. Dos de las fuentes más pertinentes de feedback son:

1. El *aparato vestibular* dentro del oído interno, que envía información al sistema nervioso central concerniente al conocimiento espacial corporal, y

2. Los *propioceptores* dentro de los músculos y articulaciones, como los *husos musculares* y los *órganos tendinosos de Golgi*, que detectan la magnitud y velocidad de un músculo estirado y los cambios en los ángulos articulares. Estos sensores proporcionan la información suficiente como para hacer ajustes inmediatos y esenciales en el equilibrio.

Un buen ejemplo del trabajo de los receptores es esa sensación de malestar que aparece al despertarse abruptamente justo después de haber empezado a dormirse y volver a la realidad. Imagínese sentado en su mecedora. Mientras lee atentamente un libro, sus ojos comienzan a cerrarse y su cabeza cae lentamente hacia delante. Los husos musculares de la parte trasera de su cuello sienten este estiramiento y realizan una corrección rápidamente devolviendo su cabeza a una posición erecta —un crudo recordatorio de que sus mecanismos receptores están trabajando—. Desde el punto de vista de la estabilización, equilibrio y postura, el refinamiento de sus sensores propioceptivos mejorará su forma física y rendimiento deportivo y disminuirá el riesgo de lesión.

POSTURA

En nuestra infancia, nuestros padres nos pedían «ponte recto» y «siéntate bien». De todas formas, ¿por qué es tan importante la postura?

Importancia de una buena postura

Una mala postura puede afectar profundamente al equilibrio. Tenga en cuenta que la fuerza se puede transferir más efectivamente a lo largo de una línea recta. Obviamente, existen curvaturas naturales a lo largo del cuerpo, pero generalmente usted debería esforzarse por conseguir líneas rectas entre *segmentos*, particularmente durante la fase de empuje o explosiva de un movimiento. A una persona con una mala postura le falta esa línea recta. El camino preferido para transmitir fuerza es a través del sistema esquelético. Una mala postura, sin embargo, provoca desvíos debido a que los músculos más pequeños y débiles deben actuar como conducto de esa fuerza. Se malgasta mucha energía y, como consecuencia, las rupturas son inevitables. Esto puede conducir a innumerables problemas mecánicos y estructurales.

Problemas posturales

Una mala postura durante muchos años provocará muy probablemente problemas que pueden ir desde una ligera molestia a un dolor tan intenso que requiera una solución quirúrgica. Las siguientes figuras ilustran dos de las anormalidades más comunes asociadas con una mala postura.

Curvatura pélvica anterior
La figura de al lado ilustra una característica que no suele causar muchos problemas hasta que se llega a la edad madura de los 40. Inicialmente, la curvatura pélvica es la menor fuente de dolor de espalda baja. Si los isquiotibiales están débiles, los cuádriceps, (músculos del muslo), más potentes, tienden a tirar de la pelvis hacia delante. Además, a medida que la barriga se hace lentamente más pronunciada, será inevitable la aparición de un mayor estrés en la espalda baja. Como el efecto dominó, esto tiende a tirar de los hombros hacia delante, produciendo un gran estrés en el cuello. Para compensar, se tiende a cambiar la postura, lo que conduce a un patrón de «marcha de pato» que fuerza las rodillas, piernas, etc. Todo como resultado de una pequeña sobreindulgencia y vagancia durante nuestros «maravillosos» años jóvenes.

Curvatura pélvica posterior
Otro mal postural común es la curvatura posterior de la pelvis. Como en el

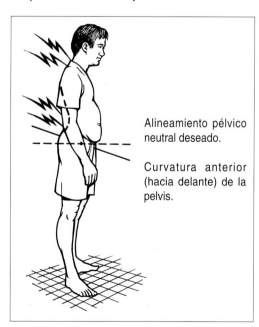

Alineamiento pélvico neutral deseado.

Curvatura anterior (hacia delante) de la pelvis.

anterior ejemplo, si se ignora, se comienza a intensificar un efecto de compensación definitivo. La cabeza sobresale hacia delante y los hombros comienzan a caer, y la tensión recae sobre la espalda alta y el cuello. De hecho, los músculos de la espalda tienen que sustituir al sistema esquelético. Esto provoca una tensión tremenda en la espalda para compensarlo. (Ver figura abajo).

Así, mientras la postura militar que nuestros padres nos impusieron tan cariñosamente no es del todo deseable, la alternativa de curvar hacia delante o hacia atrás el cinturón pélvico, descender los hombros y adelantar la cabeza es mucho más perjudicial para nuestra salud y potencial deportivo general.

Problemas de desequilibrio

Un tronco débil puede, por supuesto,

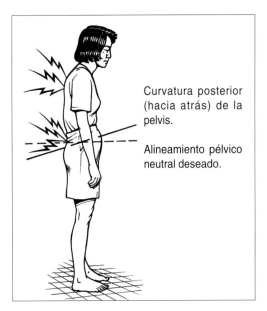

Curvatura posterior (hacia atrás) de la pelvis.

Alineamiento pélvico neutral deseado.

contribuir a unos patrones de movimiento ineficientes y extraños. Esto, al final, puede crear unos desequilibrios musculares y una disfunción estructural similar a las curvaturas pélvicas anterior y posterior. Por ejemplo, el *pitcher* de béisbol o el tenista son ejemplos claros de deportistas que desarrollan más un lado que el otro. Un tenista que ha pasado años perfeccionando su técnica realiza, por lo general, todo el trabajo con un solo lado del cuerpo. La mano, el antebrazo, el brazo, el hombro, la pierna, el tobillo y el pie de un mismo lado terminan por hacer la mayor parte del trabajo de aceleración, desaceleración, fortalecimiento y flexibilidad. Este desequilibrio muscular predispone al deportista a padecer seguramente problemas posturales.

Incluso la población general está inclinada a favorecer un lado fuerte cuando realiza las tareas cotidianas. Cargar un bebé sobre una cadera durante varias horas, barrer las hojas del jardín con el mismo pie hacia delante durante cada movimiento, cambiar de canal de televisión de forma consistente con su mano dominante puede, a la larga, conducir a serios desajustes. Las viejas lesiones que dejan de tratarse, un mal par de zapatos o ese viejo sofá tan cómodo suelen pasarle factura. Si alguna vez un médico, fisioterapeuta o quiropráctico le ha dicho que «una de sus piernas parece más larga que la otra» o que «se le está cayendo un hombro», quizá su cuerpo esté intentando decirle que algo está mal estructuralmente.

No ignore su dolor: es hora de olvidar el concepto anticuado de «juegue a pesar del dolor». Por sutiles que sean los primeros síntomas, deberían incitarle a buscar la causa de la disfunción y mirar las formas de eliminarla. Evite el clásico «amaño rápido» de aspirina, vendaje, aparatos ortopédicos (rodilleras, etc.) y el periodo de reposo que los médicos suelen prescribir. En su lugar, comience por el tronco y trabaje con seriedad para salir de la lesión. Si ha logrado evitarla, el seguimiento del plan que proponemos en este libro aumentará sus posibilidades de obtener una salud continuada. De hecho, un tronco bien desarrollado es el primer paso para resolver problemas estructurales y mejorar la transferencia de potencia a través de un movimiento eficiente.

AUTOMATICIDAD

La capacidad de diferenciar entre una acción y otra, tanto aislada como simultáneamente, conocida como *automaticidad*, es crucial para el entrenamiento deportivo. Incluso las actividades cotidianas como conducir un automóvil requieren cierta automaticidad. La conciencia aguda al entrar en una autopista en hora punta en medio de una tormenta habiéndose derramado café caliente sobre sus rodillas y con los críos peleándose en el asiento trasero puede probar el valor del más experimentado de los padres.

Usted puede perfeccionar incluso una jugada básica como lanzar a canasta un balón en suspensión desde 6,25 m de ma-

nera que mejore esta capacidad diferenciadora. Simplemente haga la tarea más difícil saltando una pequeña valla antes de lanzar. Después de cinco minutos de esta tarea más demandante, vuelva al lanzamiento de 6,25 m normal y observe si su precisión ha mejorado o no. Ésta es una forma simple de automaticidad, donde desafía al sistema bombardeándolo con variables adicionales para hacer que una tarea relativamente fácil suponga un mayor desafío. El cuerpo aprende a diferenciar entre una acción y otra, haciendo los movimientos más precisos y eficientes. Usted tiene un potencial tremendo para discernir incluso el estímulo más pequeño, que puede ser explotado por medio de este tipo de entrenamiento. Muchos de los ejercicios de este libro contienen un elemento de automaticidad.

El baloncesto, como la mayoría de los deportes, es dinámico, ya que los jugadores deben mantener sus pies en continuo movimiento. Aunque es importante tener una buena base de sustentación en todos los deportes, no es por supuesto el factor más importante de estabilización. Al contrario que los luchadores de sumo, los jugadores de baloncesto rara vez se pueden permitir el lujo de mantenerse en un lugar con los pies plantados firmemente en el suelo. Como consecuencia, los luchadores de sumo obtienen la mayor parte de su control postural de una base de sustentación estable sobre el suelo, mientras que los jugadores de baloncesto obtienen su estabilización principalmente del tronco. Pat Riley, entrenador jefe de Miami Heat y ex entrenador jefe de los New York Knicks, defiende con entusiasmo el concepto de aumentar la estabilización por medio del entrenamiento de la automaticidad y, como resultado, lo ha llevado al extremo. Así, los Knicks han incorporado equipamientos como los platos de equilibrio (de Freeman) y los rodillos de gomaespuma dura en muchas fases de su entrenamiento para hacer las tareas más complejas e intensificar la estabilización del tronco por medio de un movimiento continuo. (Ver fotografías en las páginas 68 y 69).

Sin embargo, aconsejamos precaución: desde el punto de vista de la seguridad, muchos de estos ejercicios suponen un riesgo de lesión mayor del normal. Tanto si es un deportista de competición o de fin de semana, recomendamos que primero consulte con un fisioterapeuta o entrenador profesional que haya experimentado y comprendido este sistema de entrenamiento.

LOS EJERCICIOS

Los ejercicios de estabilización del tronco están destinados a desafiar sus senti-

dos. Usted comenzará a distinguir entre cambios sutiles en su equilibrio corporal, ajustándose automáticamente a aquellos cambios en un esfuerzo conservador —aunque efectivo—. Por supuesto, la meta *no* es desarrollar estructuralmente los abdominales para generar una mayor fuerza y potencia o para aumentar sus emergentes abdominales como una tabla de planchar. No cometa el error común de aplicar demasiada fuerza en lugar de usar la fuerza suficiente de manera más efectiva. Demasiada fuerza tiende a deslucir el propósito pretendido de la acción.

Por ejemplo, la precisión podría ser totalmente nula si al lanzar un dardo aplica demasiada fuerza por haberse puesto nervioso antes de lanzarlo. Reconozca que la fuerza aplicada y el aumento de la sensibilidad del movimiento aumentará progresivamente la estabilización, la precisión del movimiento y la eficiencia de la transmisión de potencia.

La mayoría de ejercicios subrayados en los últimos capítulos de este libro contribuyen al desarrollo del equilibrio y ayudan a promover una postura correcta. Los ejerci-

cios presentados en este capítulo, sin embargo, fueron diseñados para trabajar específicamente una estabilización básica del tronco y el torso. Estos ejercicios son una manera segura y efectiva de reforzar los elementos de una buena postura a lo largo de un rango de movimiento amplio. Volveremos a tratar alguno de ellos en capítulos posteriores.

En algunos de los ejercicios, realizaremos una simple acción, como sentarse, pero más compleja, requiriendo que lo haga sobre una pelota gigante. Ahora la acción sedentaria de sentarse se convierte en dinámica. Esto activa los músculos que afianzan la postura del equilibrio. Eventualmente, usted realizará estos ajustes automáticamente a medida que sus mecanis-

mos aprenden a realizar el trabajo de mantener el equilibrio por usted. La conciencia postural, la alineación de la columna, la coordinación, el equilibrio muscular, el tono muscular y los mecanismos sensoriales pueden mejorarse todos ellos simplemente sentándose en una pelota grande.

Para más información contacte con el *San Francisco Institute of Spine* en el *Seton Medical Center* en San Francisco, California, y pida su programa de estabilización dinámica lumbar. Para conseguir una pelota gigante terapéutica (también denominada Bodyball, Gymnic, Physioball o Physio/gymnic) contacte con Sport Time en Atlanta, GA 800-444-5700, o con The Saunders Group, Inc. de Chaska, MN 800-456-1289.

PAUTAS DE EJERCICIO Y PREPARACIÓN

Siga las siguientes pautas para conseguir un progreso seguro:

■ Recabe la aprobación de su médico antes de iniciar cualquier nuevo programa de entrenamiento.

■ Asegúrese de que el equipo está limpio, no dañado y conservado según las normas del fabricante.

■ Disponga de supervisores siempre que sea posible.

■ Dé prioridad a una buena técnica, antes que aumentar el número de series, repeticiones o ejercicios más difíciles.

■ Comprenda la finalidad de cada ejercicio.

■ Realice cada ejercicio lentamente.

Antes de comenzar, realice algunas contracciones de *aislamiento* y *cocontracción* de los músculos del tronco, que le ayudarán a encontrar su posición *neutral*. Permanezca de pie con las manos en las caderas y contrayendo simultáneamente los músculos abdominales y lumbares, desarrollando la «sensación» de los músculos implicados. Si se mira al espejo, debería observar una línea relativamente recta entre su oído, hombro, cadera, rodilla y tobillo. La línea recta debería ser natural, no forzada (no hay necesidad de saludar a la bandera). Ahora, relaje los abdominales lo suficiente como para permitir que la tensión de los músculos de la espalda baja curven la pelvis hacia delante. Observe el grado en que puede controlar esta acción. Una vez más, contraiga los músculos abdominales y lumbares (posición neutral) simultáneamente. Esta vez relaje los músculos lumbares, dejando que los abdominales tiren de su inserción inferior y curven lentamente la pelvis hacia atrás. La comprensión de la función de los músculos implicados es importante desde el punto de vista de una total estabilización del tronco. Inicialmente, tendrá que realizar un esfuerzo para aplicar este control recién adquirido a los siguientes ejercicios. A medida que adquiera destreza, no tendrá que hacer un esfuerzo consciente para mantener una posición neutral.

Ejercicios de estabilización del tronco

AISLAMIENTO DE LA ESPALDA BAJA (PUENTE)

LENTO

PREPARACIÓN

• Échese en el suelo con toda la columna en contacto con el suelo.
• Flexione las rodillas a 90°.
• Coloque los pies planos en el suelo, separados a la anchura de los hombros.
• Coloque las manos en el suelo, cerca de las caderas. (Retire las manos del suelo a medida que mejora su equilibrio.)

ACCIÓN

• Contraiga los músculos de la espalda baja y glúteos, y levante las caderas del suelo.
• Mantenga los hombros y la espalda alta en contacto con el suelo.
• Mantenga el peso corporal fuera del cuello.
• Sostenga la posición durante 5-10 segundos.
• Vuelva a la posición inicial.
• Repita inmediatamente.

Nota: Coloque una almohada debajo de la cabeza y el cuello para aumentar la comodidad y el soporte.

AISLAMIENTO DE LA ESPALDA BAJA (PUENTE) CON EXTENSIÓN DE PIERNA

LENTO

PREPARACIÓN

• Échese en el suelo con toda la columna en contacto con el suelo.

• Flexione las rodillas a 90°.

• Coloque los pies planos sobre el suelo, separados a la anchura de los hombros.

• Coloque las manos en el suelo, cerca de las caderas. (Retire las manos del suelo a medida que mejore su equilibrio.)

Nota: Coloque una almohada debajo de la cabeza y el cuello para aumentar la comodidad y el soporte.

ACCIÓN

• Contraiga los músculos de la espalda baja y glúteos, y levante las caderas del suelo.

• Mantenga los hombros y la espalda alta en contacto con el suelo.

• Mantenga el peso corporal fuera del cuello.

• Extienda la pierna izquierda a unos 45° del suelo.

• Sostenga la posición durante 5-10 segundos.

• Vuelva a la posición inicial.

• Repita inmediatamente.

• Continúe en el mismo lado durante una serie completa o en repeticiones alternativas con el lado contrario.

APRETÓN DE PIES

LENTO

PREPARACIÓN

• Échese en el suelo sobre su estómago.
• Mantenga las rodillas separadas a la anchura de los hombros y flexiónelas a 90°.
• Una los talones.
• Descanse la frente o barbilla sobre las manos.

ACCIÓN

• Contraiga los músculos abdominales y lumbares simultáneamente.
• Apriete los talones uno contra otro empleando los glúteos y aductores (los músculos internos del muslo).
• Mantenga la posición durante 5 a 10 segundos.
• Vuelva a la posición inicial.
• Repita inmediatamente.

Nota: Coloque una almohada debajo de la cabeza para aumentar la comodidad y el soporte.

ROTACIÓN DE CADERA INTERNA Y EXTERNA

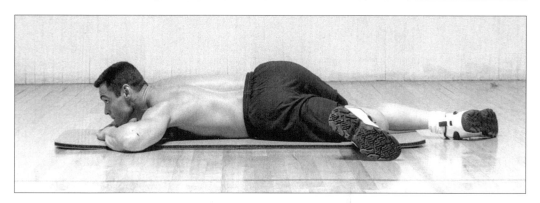

LENTO

PREPARACIÓN

• Échese en el suelo sobre su estómago.
• Mantenga las rodillas separadas a la anchura de los hombros.
• Extienda la pierna derecha.
• Flexione la rodilla izquierda a 90°.
• Descanse la frente o barbilla sobre las manos.

Nota: No deje que la pierna vaya simplemente saltando de un lado a otro. Controle el movimiento con los músculos de la pelvis. Coloque una almohada debajo de las caderas para aumentar la comodidad y el soporte.

ACCIÓN

• Contraiga los músculos abdominales y lumbares simultáneamente.
• Descienda la pierna izquierda hacia la izquierda tan lejos como sea posible sin que la cadera contraria (derecha) se levante del suelo.
• Lleve la pierna izquierda de nuevo a la posición inicial y desciéndala inmediatamente al lado derecho. No deje tampoco que la cadera contraria (derecha) se levante del suelo.
• Repita inmediatamente.

SUPERMAN

LENTO

PREPARACIÓN

• Échese en el suelo sobre el estómago.
• Extienda los brazos por delante de la cabeza.

ACCIÓN

• Eleve simultáneamente el tren superior y las piernas del suelo.
• Mantenga la posición de contracción durante 3-5 segundos.
• Repita inmediatamente.

Nota: El capítulo 6 incluye distintas variaciones de este ejercicio.

EXTENSIÓN DE CADERA

LENTO

PREPARACIÓN

• Coloque las manos y la rodilla derecha en el suelo.

• Extienda la pierna izquierda, tocando el suelo con los dedos del pie izquierdo.

• Eleve la cabeza ligeramente.

ACCIÓN

• Contraiga el glúteo y los isquiotibiales izquierdos, elevando la pierna tan alto como cómodamente sea posible.

• Mantenga la posición un segundo.

• Vuelva a la posición inicial.

• Continúe en el mismo lado durante una serie.

• Repita con el lado contrario.

Nota: Puede realizar este ejercicio en una posición de pie. Coloque las manos contra una pared y siga las pautas de acción enumeradas arriba. Además, el capítulo 6 expone distintas variantes de este ejercicio.

INCLINACIÓN HACIA DELANTE CON CUATRO APOYOS

LENTO

PREPARACIÓN

• Coloque ambas manos y rodillas sobre el suelo con los brazos y la parte superior de los muslos formando un ángulo de 90° respecto al suelo. (A medida que aumente la fuerza y el equilibrio, desplace las manos a una posición inicial ligeramente por delante de los hombros, más en línea con la parte alta de la cabeza.)
• Mantenga la espalda recta.
• Levante la cabeza ligeramente.

ACCIÓN

• Contraiga los músculos abdominales y los lumbares simultáneamente.
• Inclínese hacia delante de forma que la mayor parte del peso corporal recaiga sobre sus manos.
• Mantenga la posición durante varios segundos.
• Vuelva a la posición inicial.
• Repita inmediatamente.

PELOTA GIGANTE EN POSICIÓN NEUTRAL

LENTO

PREPARACIÓN / ACCIÓN

• Infle la pelota de acuerdo con las instrucciones del fabricante.

• Elija el tamaño de pelota adecuado: al sentarse, la parte superior del muslo debería estar paralela al suelo o un poco más alta.

• Coloque los pies planos sobre el suelo.

• Establezca la posición neutral contrayendo los músculos abdominales y lumbares simultáneamente.

• Mantenga la espalda recta.

• Mantenga las manos arriba en una posición preparada.

PELOTA GIGANTE EN POSICIÓN SENTADA: CURVATURA ANTERIOR Y POSTERIOR

LENTO

PREPARACIÓN

• Infle la pelota de acuerdo con las instrucciones del fabricante.

• Elija el tamaño de pelota adecuado: al sentarse, la parte superior del muslo debería estar paralela al suelo o un poco más alta.

• Coloque los pies planos sobre el suelo.

• Establezca la posición neutral contrayendo los músculos abdominales y lumbares simultáneamente.

• Mantenga la espalda recta.

• Mantenga las manos arriba en una posición preparada.

ACCIÓN

• De manera lenta y controlada, relaje los abdominales, creando un curvatura de la pelvis hacia delante (los glúteos se enrollarán ligeramente hacia delante sobre la pelota).

• Vuelva a la posición neutral.

• Deje que los músculos lumbares se relajen ligeramente, y por lo tanto curven la pelvis hacia atrás.

• Continue las curvaturas hacia delante y atrás durante 30 a 60 segundos.

• Realice varias series.

POSICIÓN SENTADA EN PELOTA GIGANTE: CURVATURA LATERAL

LENTO

PREPARACIÓN

• Infle la pelota de acuerdo con las instrucciones del fabricante.

• Elija el tamaño de pelota adecuado: al sentarse, la parte superior del muslo debería estar paralela al suelo o un poco más alta.

• Coloque los pies planos en el suelo.

• Establezca la posición neutral contrayendo los músculos abdominales y de lumbares simultáneamente (ver foto en la página 78).

• Mantenga la espalda recta.

• Mantenga las manos arriba en la posición preparada.

ACCIÓN

• De manera lenta y controlada contraiga los oblicuos del lado izquierdo.

• Vuelva a la posición neutral.

• Repita inmediatamente con el lado contrario.

• Continúe con curvaturas laterales durante 30-60 segundos.

• Realice varias series.

POSICIÓN SENTADA EN PELOTA GIGANTE CON ROTACIÓN DE LA CADERA

LENTO

PREPARACIÓN

• Infle la pelota de acuerdo con las instrucciones del fabricante.

• Elija el tamaño de pelota adecuado: al sentarse, la parte superior del muslo debería estar paralela al suelo o un poco más alta.

• Coloque los pies planos en el suelo.

• Establezca la posición neutral contrayendo los músculos abdominales y lumbares simultáneamente.

• Mantenga la espalda recta.

• Mantenga las manos arriba en una posición preparada.

ACCIÓN

• De manera lenta y controlada, comience rotando sólo las caderas, manteniendo la cabeza y el torso superior estáticos.

• Rote en el sentido de las agujas del reloj durante 10-20 revoluciones.

• Repita en la dirección contraria.

POSICIÓN SENTADA EN PELOTA GIGANTE: EXTENSIÓN DE PIERNAS

LENTO

PREPARACIÓN

• Infle la pelota de acuerdo con las instrucciones del fabricante.

• Elija el tamaño de pelota adecuado: al sentarse, la parte superior del muslo debería estar paralela al suelo o un poco más alta.

• Coloque los pies planos en el suelo.

• Establezca la posición neutral contrayendo los músculos abdominales y lumbares simultáneamente.

• Mantenga la espalda recta.

• Mantenga las manos arriba en la posición preparada.

ACCIÓN

• Extienda lentamente la pierna izquierda a una posición aproximadamente horizontal al suelo.

• Mantenga la posición durante 5-10 segundos.

• Vuelva a la posición neutral.

• Continúe con el mismo lado durante una serie completa o en series alternas con el lado contrario.

POSICIÓN SENTADA EN PELOTA GIGANTE: EXTENSIÓN DE PIERNA A 45°

LENTO

PREPARACIÓN

• Infle la pelota de acuerdo con las instrucciones del fabricante.

• Elija el tamaño de pelota adecuado: al sentarse, la parte superior del muslo debería estar paralela al suelo o un poco más alta.

• Coloque los pies planos en el suelo.

• Establezca la posición neutral contrayendo los músculos abdominales y lumbares simultáneamente.

• Mantenga la espalda recta.

• Mantenga las manos arriba en una posición preparada.

ACCIÓN

• Extienda lentamente la pierna izquierda con una angulación de 90°, una posición aproximadamente horizontal al suelo.

• Mantenga la posición durante 5-10 segundos.

• Vuelva a la posición neutral.

• Continúe con el mismo lado durante una serie completa o en series alternas con el lado contrario.

ENROLLAMIENTO SUPINO EN PELOTA GIGANTE

LENTO

PREPARACIÓN

• Infle la pelota de acuerdo con las instrucciones del fabricante.

• Elija el tamaño de pelota adecuado.

• Coloque los omoplatos en la parte superior de la pelota.

• Mantenga el torso y los muslos relativamente rectos durante todo el ejercicio.

• Flexione las rodillas a 90° del suelo.

• Coloque los pies planos en el suelo.

• Establezca la posición neutral contrayendo los músculos abdominales y lumbares simultáneamente.

• Coloque las manos detrás de la cabeza. (Si tiene problemas con el equilibrio, extienda los brazos hacia los lados.)

ACCIÓN

• Empuje y extienda lentamente con ambas manos.

• La pelota debería rodar por debajo de la columna hacia el final de la espalda.

• Mantenga la posición 5-10 segundos.

• Tire con las piernas para volver a la posición inicial.

• Repita inmediatamente.

EXTENSIÓN CORPORAL COMPLETA SUPINA CON PELOTA GIGANTE

LENTO

PREPARACIÓN

• Infle la pelota de acuerdo con las instrucciones del fabricante.

• Elija el tamaño de pelota adecuado.

• Échese en el suelo con toda la columna en contacto con el suelo.

• Flexione las rodillas a 90°.

• Coloque los talones en la parte alta de la pelota.

• Coloque las manos cerca de las caderas, planas sobre el suelo.

ACCIÓN

• Extienda lentamente ambas piernas (la pelota rodará).

• Mantenga los músculos abdominales y lumbares tensos durante todo el ejercicio.

• Evite la presión excesiva en la cabeza y el cuello.

• Mantenga la posición durante 5-10 segundos.

• Vuelva lentamente a la posición inicial.

• Repita inmediatamente.

Nota: Coloque una almohada debajo de la cabeza y el cuello para aumentar la comodidad y el soporte.

85

TAMBALEO PRONO EN PELOTA GIGANTE

LENTO

PREPARACIÓN

• Échese con el estómago sobre una pelota más pequeña.

• Coloque las manos y los pies en el suelo.

ACCIÓN

• Pruebe diferentes posiciones de «superman» (es decir, una mano fuera del suelo, ambas fuera del suelo, un pie, ambos pies, extienda un brazo y una pierna, extienda ambos brazos y piernas y siga probando).

Nota: Si la presión en el estómago es incómoda, pare.

6

EJERCICIOS DE TONIFICACIÓN ABDOMINAL

Los ejercicios abdominales y lumbares que se incluyen a continuación están particularmente indicados para los que se inician en el fitness, pero también servirán como base de ejercicios para deportistas de cualquier nivel. Progrese desde este nivel de tonificación a los más demandantes ejercicios de fuerza abdominal *sólo* después de dominar los ejercicios descritos en este capítulo. Si, después de completar el programa de tonificación de 24 semanas descrito en el capítulo 9, encuentra que su técnica cumple con las bases incluidas en las descripciones, estará preparado para progresar al siguiente nivel.

Recuerde, la técnica es mucho más importante que levantar más peso o realizar más repeticiones. Si prefiere permanecer en el nivel de tonificación abdominal, siga en el mismo. Pero no es siempre lo mejor. Muchos de nuestros deportistas de elite se encuentran a gusto en el programa de tonificación abdominal siempre y cuando sigan observando cambios físicos positivos. Como expusimos en el capítulo 4, puede alcanzar un punto en el que esté contento con su nivel de fuerza, capacidad funcional y con el aspecto de su tronco y torso. Si es así, usted puede cambiar a un programa de mantenimiento en el cual la intensidad permanezca alta, pero la frecuencia y duración de los entrenamientos pueda bajar

considerablemente. Trataremos de esto más adelante en el capítulo 9.

Si ha estado inactivo durante mucho tiempo, puede que aparezcan algunas molestias musculares uno o dos días después de empezar el programa. Esta ligera incomodidad es una señal de que su cuerpo está respondiendo a un estímulo positivo de entrenamiento. Si el dolor se hace crónico y continúa a la segunda semana, revise su técnica de ejecución y consulte con un médico o fisioterapeuta para determinar la causa. Comprenda que el dolor puede variar de día en día y de persona a persona. En cualquier momento que usted introduzca un ejercicio, rutina, intensidad o número de series, su cuerpo responderá de manera diferente.

Cualquiera que sea su razón para iniciar un régimen de entrenamiento, hágase la firme promesa de seguir el plan, especialmente durante las primeras semanas. No tenga prisa. Aunque «despertarse una mañana para descubrir que está fuera de forma» es una experiencia común, podemos asegurar que en la mayoría de casos la pérdida de forma ocurre gradualmente durante muchos años. Así que no piense en una recuperación instantánea del vigor de aquellos años saludables. Garantizamos que observará mejoras visibles si mantiene un programa disciplinado como el incluido en el capítulo 9.

Sin embargo, si limita su rutina estrictamente a la región del tronco, no mejorará adecuadamente los otros componentes de la salud y la forma física. Las rutinas abdominales y lumbares que sugerimos aquí deben ser parte de un programa completo que incluya la siguientes variables:

- fuerza muscular corporal total,
- resistencia muscular corporal total,
- eficiencia cardiorrespiratoria,
- composición corporal, y,
- flexibilidad.

Propóngase metas realistas y alcanzables. Acepte que el progreso lento sigue siendo progreso. Mientras la transformación diaria resulta indetectable, estos pequeños cambios van sumándose poco a poco. Al cabo de un tiempo observará resultados definitivos. ¿Puede firmar este compromiso? Ello requerirá un cambio en su estilo de vida. Para los principiantes, sugerimos mantener un registro diario. Esto tendrá el doble papel de indicar el progreso y mantener la motivación. Otra buena herramienta de motivación es entrenar con un compañero. Éste puede ayudar en la supervisión, proporcionar feedback con respecto a una buena técnica y dar ánimos.

¡Comencemos!

Ejercicios de tonificación abdominal y lumbar

ENCOGIMIENTO LATERAL CON PIERNAS RECTAS

TONIFICACIÓN ABDOMINAL (OBLICUOS)
LENTO

PREPARACIÓN

• Échese sobre el lado izquierdo.
• Mantenga las piernas rectas.
• Coloque la mano derecha por detrás de la cabeza.
• Coloque la mano izquierda sobre los oblicuos que trabajan.

Nota: Si tiene dificultad en completar con éxito el movimiento, enganche los pies debajo de un sofá, mesa o compañero, para aumentar la palanca. No deje caer los hombros y glúteos de vuelta al suelo. En esta posición, el potente músculo recto abdominal (porción superior) realizará la mayor parte del trabajo. Como en todos los ejercicios, nunca permita que los abdominales se relajen entre repeticiones.

ACCIÓN

• Contraiga lentamente los oblicuos internos y externos derechos y eleve los hombros de 5 a 15 cm del suelo.
• Mantenga la posición durante un segundo.
• Vuelva a la posición inicial.
• Empiece inmediatamente la siguiente repetición (no relaje los oblicuos entre repeticiones).
• Continúe con el mismo lado durante una serie.
• Repita con el lado contrario.

ENCOGIMIENTO LATERAL CON PIERNAS EXTENDIDAS ELEVANDO UNA PIERNA

TONIFICACIÓN ABDOMINAL (OBLICUOS)
LENTO

PREPARACIÓN

- Échese sobre el lado izquierdo.
- Mantenga las piernas extendidas.
- Coloque la mano derecha detrás de la cabeza.
- Coloque la mano izquierda sobre los oblicuos que trabajan.

ACCIÓN

- Contraiga lentamente los oblicuos interno y externo mientras eleva simultáneamente la pierna derecha.
- Eleve el hombro de 5 a 15 cm mientras eleva el pie derecho de 30 a 60 cm del suelo.
- Manténgase así durante un segundo.
- Vuelva a la posición inicial.
- Repita inmediatamente.
- Continúe con el mismo lado durante una serie.
- Repita con el lado contrario.

Nota: Si está preparado para un mayor desafío, eleve ambas piernas del suelo, asegurándose de que permanece echado sobre un lado. No deje caer los hombros y los glúteos de vuelta al suelo.

ELEVACIÓN LATERAL CON RODILLAS FLEXIONADAS

TONIFICACIÓN ABDOMINAL (OBLICUOS)
LENTO

PREPARACIÓN

• Échese sobre la cadera izquierda.
• Flexione las rodillas a 90°.
• Mire hacia el techo.
• Mantenga las manos detrás de la cabeza.

ACCIÓN

• Contraiga los oblicuos y eleve lentamente los hombros a una posición de 5 a 15 cm del suelo.
• Mantenga la posición durante un segundo.
• Vuelva a la posición inicial.
• Repita inmediatamente.
• Continúe con el mismo lado durante una serie.
• Repita con el lado contrario.

Nota: Para variar la intensidad, pruebe con diferentes posiciones de brazo como:
• mantener los brazos rectos y alcanzar el pie, y
• cruzar los brazos sobre el pecho.

EL RETORCIMIENTO

TONIFICACIÓN ABDOMINAL (OBLICUOS)
LENTO

PREPARACIÓN

• Échese sobre la espalda con las rodillas flexionadas y la espalda recta.

• Coloque los pies planos sobre el suelo, aproximadamente a 30 cm de los glúteos.

• Mantenga los brazos a los lados, descansando sobre el suelo.

• Saque la barbilla hacia el pecho.

• Toque el suelo con los omoplatos o eleve ligeramente (de tres a cinco centímetros).

ACCIÓN

• Apriete los oblicuos y alcance el pie izquierdo con la mano izquierda.

• Alterne ambos lados.

Nota: Para hacer más intenso el ejercicio, mantenga *isométricamente* en cada repetición durante 3 a 5 segundos. (Una contracción isométrica es aquella en la cual no hay alargamiento o acortamiento de las fibras musculares. Simplemente ha de mantener la posición durante unos segundos.)

EL RETORCIMIENTO AVANZADO

TONIFICACIÓN ABDOMINAL (OBLICUOS)
MODERADO

PREPARACIÓN

• Échese sobre la espalda con las rodillas flexionadas y la espalda recta.

• Coloque los pies planos sobre el suelo, aproximadamente a 30 cm de los glúteos.

• Eleve los hombros de 20 a 30 cm del suelo, manteniendo esta posición durante toda la serie.

• Mantenga los brazos a los lados, descansando en el suelo.

• Saque la barbilla hacia el pecho.

ACCIÓN

• Con los hombros en la posición alta, pase la mano izquierda por debajo de la piernas hacia el pie derecho.

• Alterne ambos lados.

ENCOGIMIENTO OBLICUO CON PIERNA CRUZADA

TONIFICACIÓN ABDOMINAL (OBLICUOS)
LENTO

PREPARACIÓN

• Échese sobre la espalda

• Flexione la rodilla derecha a 90°, colocando el pie derecho plano en el suelo.

• Cruce la pierna izquierda sobre la derecha.

• Coloque las manos detrás de la cabeza, manteniendo los hombros en el suelo.

• Mantenga el codo izquierdo en contacto con el suelo a lo largo de toda la serie.

ACCIÓN

• Empleando el codo izquierdo como palanca, encoja los oblicuos elevando el codo derecho hasta tocar la rodilla izquierda.

• Mantenga la posición durante un segundo.

• Vuelva a la posición inicial.

• Continúe con el mismo lado durante una serie.

• Repita en el lado contrario.

Nota: Para una mayor intensidad, descanse la rodilla izquierda en la rodilla derecha. Para un ejercicio menos difícil, descanse el tobillo izquierdo sobre la rodilla derecha.

ENCOGIMIENTO OBLICUO CON PIERNAS CRUZADAS AVANZADO

TONIFICACIÓN ABDOMINAL (OBLICUOS)
LENTO

PREPARACIÓN

• Échese sobre la espalda manteniéndola recta.

• Flexione la rodilla derecha a 90°, colocando el pie derecho plano en el suelo.

• Cruce la pierna izquierda sobre la derecha.

• Coloque las manos detrás de la cabeza.

ACCIÓN

• Eleve ambos omoplatos del suelo y gire de forma que el codo derecho toque la parte superior de la rodilla izquierda.

• Mantenga durante un segundo.

• Vuelva a la posición inicial.

• Continúe con el mismo lado durante una serie.

• Repita con el lado contrario.

Nota: Para una mayor intensidad, descanse la rodilla izquierda en la rodilla derecha. Para un ejercicio menos difícil, descanse el tobillo izquierdo sobre la rodilla derecha. *Nunca* tire de la cabeza o cuello para ayudar al movimiento. Como en todos los ejercicios, nunca deje que los abdominales se relajen entre repeticiones.

ENROLLAMIENTO EN MARIPOSA CON GIRO ALTERNATIVO

TONIFICACIÓN ABDOMINAL (OBLICUOS)
LENTO

PREPARACIÓN

• Échese sobre la espalda.
• Coloque las plantas de los pies juntas, tan cerca de los glúteos como sea posible. Cuanto más cerca estén los pies de los glúteos, más difícil será el ejercicio.
• Deje caer las rodillas a los lados en una posición de mariposa.
• Tense la cabeza encorvándola, mirando hacia el techo.
• Coloque las manos detrás de la cabeza.

ACCIÓN

• Eleve los omoplatos del suelo y gire el torso superior y codo hacia la rodilla contraria.
• Vuelva a la posición inicial.
• Repita hacia el lado *alterno* (el lado derecho y después el izquierdo equivale a una repetición).

Nota: Pruebe con diferentes posiciones de brazos para variar la dificultad de este y otros ejercicios. Empiece con los brazos extendidos y métalos por debajo de las piernas. A medida que aumente los niveles de fuerza, cruce los brazos sobre el pecho, después pase a colocarlos detrás de la cabeza. Al continuar aumentando la fuerza, eleve el tren superior y toque la rodilla con el codo. Puede cambiar las posiciones de las piernas y pies (extendidos o cerca de los glúteos) para hacer el movimiento más fácil o más difícil. El anclaje de los pies puede ser de gran ayuda para el principiante.

ENROLLAMIENTO EN MARIPOSA CON GIRO CONTINUO

TONIFICACIÓN ABDOMINAL (OBLICUOS)
LENTO

PREPARACIÓN

• Échese sobre la espalda.

• Coloque las plantas de los pies juntas, tan cerca de los glúteos como sea posible. Cuanto más cerca estén los pies de los glúteos, más difícil será el ejercicio.

• Deje caer las rodillas a los lados en una posición de mariposa.

• Tense la cabeza encorvándola, mirando hacia el techo.

• Coloque las manos detrás de la cabeza.

ACCIÓN

• Eleve los omoplatos del suelo y gire el torso superior y codo hacia la rodilla contraria.

• Vuelva a la posición inicial.

• Continúe hacia el mismo lado durante una serie.

• Repita hacia el lado contrario.

RODILLAS ARRIBA

TONIFICACIÓN ABDOMINAL (OBLICUOS)
LENTO A MODERADO

PREPARACIÓN

- Échese sobre la espalda.
- Flexione la rodilla derecha a 90°, y coloque el pie derecho plano sobre el suelo.
- Mantenga la pierna izquierda recta, a unos 15 cm del suelo.
- Meta la barbilla hacia el pecho.
- Coloque las manos detrás de la cabeza.

ACCIÓN

- Eleve simultáneamente el tren superior y flexione la rodilla izquierda a una posición media y eleve los hombros de 30 a 60 cm del suelo.
- Gire y toque la rodilla izquierda con el codo derecho.
- Vuelva a la posición inicial.
- Continúe hacia el mismo lado durante una serie.
- Repita hacia el lado contrario.

PARABRISAS

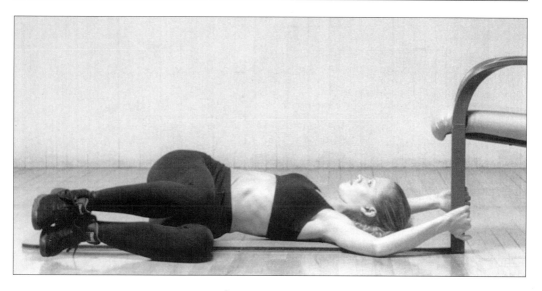

TONIFICACIÓN ABDOMINAL (OBLICUOS)
LENTO

PREPARACIÓN

• Échese sobre la espalda.

• Lleve ambas rodillas hacia el pecho.

• Coloque las manos o bien detrás de la cabeza o extienda los brazos por encima de la cabeza y agárrese a un objeto pesado, como un sofá o cama para conseguir estabilidad.

• Mantenga los hombros planos en el suelo.

ACCIÓN

• Manteniendo las rodillas orientadas hacia el pecho, descienda lentamente las piernas hacia el lado izquierdo.

• Toque el suelo, después vuelva a la posición inicial.

• Continúe aislando el lado izquierdo o alterne los lados.

Nota: No tire con los brazos. Mantenga los hombros en contacto con el suelo a lo largo de toda la serie.

GIRO CON PALO

TONIFICACIÓN ABDOMINAL (OBLICUOS)
LENTO

PREPARACIÓN

- Siéntase recto en el suelo.
- Separe las piernas.
- Sostenga un palo sobre los hombros.

ACCIÓN

- Contraiga los oblicuos y gire el tronco y el torso hacia la izquierda.
- Vuelva a la posición inicial.
- Continúe trabajando el lado izquierdo o alterne ambos lados.

ENCOGIMIENTO OBLICUO CON PALO

TONIFICACIÓN ABDOMINAL (OBLICUOS)
LENTO

PREPARACIÓN

- Siéntase recto en el suelo.
- Separe las piernas.
- Sostenga un palo sobre los hombros.

ACCIÓN

- Contraiga los oblicuos e inclínese hacia el lado izquierdo.
- Mantenga la posición un segundo.
- Vuelva a la posición inicial.
- Continúe trabajando el lado izquierdo o alterne ambos lados.

Nota: Éste es un ejercicio muy bueno de iniciación a los oblicuos.

ENROLLAMIENTO HACIA ATRÁS EMPLEANDO LA INERCIA

TONIFICACIÓN ABDOMINAL (INFERIORES)
LENTO A MODERADO

PREPARACIÓN

- Échese sobre la espalda.
- Flexione las rodillas a 90°.
- Mantenga los pies planos sobre el suelo.
- Saque la barbilla hacia el pecho.
- Eleve los hombros (pero no los omoplatos) ligeramente del suelo.
- Coloque las manos detrás de la cabeza.

ACCIÓN

- Concéntrese en los abdominales inferiores, lleve las rodillas hacia el pecho, elevando (empujando) simultáneamente la pelvis hacia el techo.
- Controle la contracción, descienda lentamente la pelvis y las piernas de nuevo a la posición inicial. Mantenga la columna en contacto con el suelo.
- Toque el suelo ligeramente con los pies y repita el movimiento.
- No eleve los omoplatos del suelo en ningún momento durante el ejercicio.

Nota: A medida que aumente su fuerza, no se fundamente en la inercia para realizar este ejercicio. Si es un principiante, coloque las manos debajo de la pelvis para ayudar en el levantamiento.

ENROLLAMIENTO HACIA ATRÁS AISLADO

TONIFICACIÓN ABDOMINAL (INFERIORES)
LENTO A MODERADO

PREPARACIÓN

• Échese sobre la espalda.
• Lleve los talones cerca de los glúteos con ambos pies sobre el suelo.
• Saque la barbilla hacia el pecho.
• Eleve los hombros (pero no los omoplatos) del suelo.
• Coloque las manos detrás de la cabeza.

ACCIÓN

• Aislando los abdominales inferiores, tire de las piernas hacia los hombros, elevando (empujando) simultáneamente la pelvis hacia el techo.
• Controle la contracción, descienda lentamente la pelvis y las piernas de nuevo a la posición inicial.
• No eleve los omoplatos del suelo en ningún momento durante el ejercicio.

EMPUJÓN SENTADO CON RODILLAS FLEXIONADAS

TONIFICACIÓN ABDOMINAL (INFERIORES)
LENTO

PREPARACIÓN

• Siéntese, apoyado sobre la espalda.
• Coloque las manos sobre el suelo detrás de las caderas para estabilizar el tren superior.
• Flexione las rodillas a 90°.
• Coloque los talones sobre el suelo.

ACCIÓN

• Contraiga los abdominales inferiores y levante las piernas hacia el pecho (no se incline más hacia atrás durante el levantamiento).
• Focalice la atención en encoger los abdominales inferiores. Evite emplear los psoas (músculos flexores de la cadera) o la inercia para ayudarse en este ejercicio.
• No hiperextienda la espalda inferior.
• Vuelva lentamente a la posición inicial.
• Repita inmediatamente.

Nota: Para hacer este ejercicio más progresivo, a medida que va ganando fuerza extienda más las rodillas, obligando así a una mayor carga en los abdominales inferiores. Por ejemplo, intente flexionar las rodillas sólo 100°, después 110° y así progresivamente, hasta que pueda realizar este ejercicio con las piernas extendidas.

EMPUJÓN DE PIERNAS EXTENDIDAS SENTADO

TONIFICACIÓN ABDOMINAL (INFERIORES)
LENTO

PREPARACIÓN

• Al contrario de la posición inclinada del ejercicio anterior, éste requiere una postura más perpendicular del tren superior.

• Mantenga las manos sobre el suelo, pero *enfrente* de las caderas, cerca de las rodillas.

• Descanse las piernas extendidas en el suelo.

ACCIÓN

• Contraiga los abdominales inferiores y levante las piernas del suelo tanto como sea posible.

• No hiperextienda la espalda.

• Mantenga la posición arriba durante un segundo.

• Descienda lentamente las piernas a la posición inicial.

• Toque ligeramente el suelo.

• Repita inmediatamente.

ENVÍOS DE PIERNAS

TONIFICACIÓN ABDOMINAL (INFERIORES)
LENTO A MODERADO

PREPARACIÓN

- Échese sobre el suelo.
- Flexione las caderas a 90°.
- Extienda las rodillas, manteniendo todo el tren inferior perpendicular al suelo.
- Coloque las manos detrás de la cabeza.

ACCIÓN

- Aísle los abdominales inferiores y envíe las piernas hacia el techo.
- No balancee la espalda sobre los hombros en un intento de ayudarse en el movimiento.
- Descienda lentamente las caderas al suelo y repita.

Nota: Si necesita alguna ayuda, extienda los brazos por detrás de la cabeza y cójase a un objeto pesado, como una butaca, sofá o cama para aumentar la palanca.

BICICLETA

TONIFICACIÓN ABDOMINAL (INFERIORES)
MODERADO A RÁPIDO

PREPARACIÓN

- Échese sobre la espalda.
- Flexione las caderas y rodillas a 90°.
- Levante los omoplatos algunos centímetros del suelo.
- Coloque las manos detrás de la cabeza.

ACCIÓN

- Extienda la rodilla izquierda mientras lleva simultáneamente la rodilla derecha en la dirección contraria hacia el codo.
- Toque la rodilla derecha con el codo izquierdo.
- Repita inmediatamente con el otro lado.

Nota: A medida que adquiera más fuerza, eleve toda la espalda del suelo. No sobrepase los 45° de elevación.

ENCOGIMIENTO DE ABDOMINALES INFERIORES CON PIERNA CRUZADA

TONIFICACIÓN ABDOMINAL (INFERIORES)
LENTO A MODERADO

PREPARACIÓN

- Échese sobre la espalda.
- Cruce la pierna izquierda sobre la derecha.
- Eleve ambas piernas (no deje que los pies toquen el suelo).
- Coloque las manos detrás de la cabeza.

ACCIÓN

- Concentrándose en los abdominales inferiores, eleve la pierna izquierda hacia atrás en dirección al hombro derecho.
- Eleve simultáneamente el tren superior y gire el codo derecho hasta la rodilla izquierda.
- Controle la contracción, descendiendo lentamente al mismo tiempo la pelvis, piernas y hombros hacia la posición inicial.
- No toque los pies con el suelo.
- Repita con el lado contrario.

Nota: A medida que gane fuerza, no aproveche la inercia para realizar este ejercicio. Si es un principiante, coloque las manos debajo de la pelvis para ayudarle en la elevación.

ELEVACIÓN DE MUÑECAS

TONIFICACIÓN ABDOMINAL (SUPERIORES)
LENTO

PREPARACIÓN

- Échese sobre la espalda.
- Flexione las rodillas a 90°.
- Mantenga los pies planos en el suelo.
- Coloque las manos en los muslos.
- Meta la barbilla hacia el pecho.
- Levante los hombros (no los omoplatos) del suelo.

ACCIÓN

- Eleve lentamente (2 segundos) el tren superior del suelo, deslizando las manos a lo largo de los muslos hasta que las muñecas toquen las rodillas.
- Permita que la cabeza caiga hacia atrás al encontrarse en la posición final.
- Mantenga la posición un segundo.
- Vuelva lentamente (de 2 a 4 segundos) a la posición inicial.
- Toque el suelo con los omoplatos (no haga rebotes).
- Repita inmediatamente.
- Mantenga los abdominales tensos todo el tiempo.

ENROLLAMIENTO ABDOMINAL

TONIFICACIÓN ABDOMINAL (SUPERIORES)
LENTO

PREPARACIÓN

• Flexione las rodillas a 90°.
• Coloque los pies planos en el suelo.
• Mantenga la cabeza firme a lo largo de todo el ejercicio.
• Coloque las manos detrás de la cabeza.

ACCIÓN

• Contraiga los abdominales y eleve los hombros y el tren superior a una posición de unos 30° sobre el suelo.
• Mantenga la posición durante un segundo.
• Vuelva a la posición inicial.
• Repita inmediatamente.

Nota: No tire de la cabeza o el cuello.

ENCOGIMIENTOS CON PIERNAS APOYADAS A 90°

TONIFICACIÓN ABDOMINAL (SUPERIORES)
LENTO

PREPARACIÓN

• Échese sobre la espalda.

• Flexione las caderas y rodillas a 90°.

• Descanse las piernas en un soporte, como una silla, cama, sofá o compañero, para proporcionar estabilidad, pero no enganche los pies.

• Mantenga los glúteos tan cerca como sea posible del soporte.

• Saque la barbilla hacia el pecho.

• Curve la cabeza enfocando la mirada hacia el techo.

• Coloque las manos detrás de la cabeza.

ACCIÓN

• Eleve el tren superior a una posición de aproximadamente 30° del suelo (a medida que gane fuerza toque las rodillas con los codos).

• Vuelva lentamente a la posición inicial.

• Toque el suelo con los omoplatos (no haga rebotes).

• Repita inmediatamente.

• No tire de la cabeza o del cuello.

Nota: Cuanto más lejos estén los glúteos del soporte, menos difícil será el ejercicio. A medida que gane fuerza, coloque los pies contra una pared, y después elimine totalmente el soporte. Sin embargo, mantenga siempre la flexión de 90° en caderas y rodillas.

ENCOGIMIENTOS CON PIERNAS A 90° SIN APOYO

TONIFICACIÓN ABDOMINAL (SUPERIORES)
LENTO A MODERADO

PREPARACIÓN

- Échese sobre la espalda.
- Flexione las caderas y rodillas a 90°.
- Curve la cabeza, mirando hacia el techo.
- Coloque las manos detrás de la cabeza.

ACCIÓN

- Eleve el tren superior a una posición de unos 30° sobre el suelo (a medida que gane fuerza toque las rodillas con los codos).
- Levante el tren superior hacia las rodillas; no lleve las rodillas hacia el tren superior.
- Vuelva lentamente a la posición inicial.
- Toque el suelo con los omoplatos (no haga rebotes).
- Repita inmediatamente.
- No tire de la cabeza o del cuello.

ENROLLAMIENTO EN MARIPOSA

TONIFICACIÓN ABDOMINAL (SUPERIORES)
LENTO

PREPARACIÓN

• Échese sobre la espalda.

• Coloque las plantas de los pies juntas, tan cerca de los glúteos como sea posible.

• Deje caer las rodillas a los lados en una posición de mariposa.

• Curve la cabeza, mirando hacia el techo.

• Coloque las manos detrás de la cabeza.

ACCIÓN

• Contraiga los abdominales superiores y eleve los omoplatos del suelo a una posición de aproximadamente 30°.

• Vuelva a la posición inicial.

• Toque el suelo con los omoplatos (no haga rebotes).

• Repita inmediatamente.

Nota: Recuerde probar con diferentes posiciones de brazos para variar la dificultad de este y todos los demás ejercicios. Empiece con los brazos extendidos y métalos por debajo de las piernas. A medida que aumentan los niveles de fuerza, cruce los brazos sobre el pecho, después progrese a colocarlos detrás de la cabeza. Puede cambiar las posiciones de las piernas y pies (extendidos o cerca de los glúteos) para crear una mayor palanca y ayudar en el movimiento. El anclaje de los pies puede ser de gran ayuda para el principiante.

ELEVACIÓN DE 135° HACIA LA PARED

TONIFICACIÓN ABDOMINAL (SUPERIORES)
LENTO A MODERADO

PREPARACIÓN

- Échese sobre la espalda.
- Descanse los pies ligeramente contra la pared con las piernas rectas.
- Mantenga un ángulo de cadera de aproximadamente 135°.
- Extienda los brazos hacia los pies.
- Mantenga las manos juntas.
- Fije la mirada en los pies.

ACCIÓN

- Encoja los abdominales superiores elevando el tren superior hasta alcanzar los pies.
- Toque los pies.
- Vuelva lentamente a la posición inicial.
- Repita inmediatamente.

Nota: Este ejercicio se realiza generalmente con los brazos extendidos como se ha descrito, pero puede colocar las manos cruzadas en el pecho o detrás de la cabeza para aumentar la resistencia.

ELEVACIÓN DE 90° HACIA LA PARED

TONIFICACIÓN ABDOMINAL (SUPERIORES)
MODERADO

PREPARACIÓN

- Mantenga las piernas rectas.
- Mantenga un ángulo de cadera de aproximadamente 90°, con las piernas perpendiculares al suelo.
- Deslícese tan cerca de la pared como sea posible, tocando la pared con los glúteos.
- Extienda los brazos hacia los pies.
- Mantenga las manos juntas.
- Fije la mirada en los pies.

ACCIÓN

- Encoja los abdominales superiores elevando el tren superior hasta alcanzar los pies.
- Toque los pies.
- Vuelva lentamente a la posición inicial.
- Repita inmediatamente.

Nota: Este ejercicio es realizado generalmente con los brazos extendidos como se ha descrito, pero puede colocar las manos cruzadas en el pecho o detrás de la cabeza para aumentar la resistencia.

PIES HACIA EL TECHO

TONIFICACIÓN ABDOMINAL (SUPERIORES)
LENTO A MODERADO

PREPARACIÓN

- Échese sobre la espalda.
- Mantenga las piernas rectas.
- Mantenga un ángulo de cadera de aproximadamente 135°.
- Extienda los brazos hacia los pies.
- Mantenga las manos juntas.
- Fije la mirada en los pies.

ACCIÓN

- Encoja los abdominales superiores elevando el tren superior hasta alcanzar los pies.
- Toque los pies y vuelva a la posición inicial.
- Repita inmediatamente.
- Para implicar a los oblicuos, alcance el pie contrario.

Nota: Este ejercicio se realiza generalmente con los brazos extendidos como se ha descrito, pero puede colocar las manos cruzadas en el pecho o detrás de la cabeza para aumentar la resistencia.

NAVAJAS A UNA PIERNA CON RODILLA FLEXIONADA

TONIFICACIÓN ABDOMINAL (SUPERIORES)
LENTO A MODERADO

PREPARACIÓN

• Échese sobre la espalda.

• Mantenga ambas piernas rectas, con los talones tocando el suelo.

• Meta la barbilla hacia el pecho.

• Eleve los hombros del suelo (esto ayudará a aliviar la hiperextensión de la zona lumbar).

• Coloque las manos detrás de la cabeza.

ACCIÓN

• Eleve simultáneamente el tren superior y flexione la rodilla izquierda a una posición media (como una navaja) elevando los hombros de 30 a 60 cm del suelo.

• Toque el hombro izquierdo con la rodilla izquierda.

• Vuelva a la posición inicial (mantenga los hombros sin tocar el suelo; no hiperextienda la zona lumbar).

• Continúe con el mismo lado durante una serie.

• Repita con el lado contrario.

Nota: Si siente mucha tensión en la zona lumbar, intente flexionar la rodilla derecha a 90° y mantenga el pie derecho plano sobre el suelo durante todo el ejercicio.

NAVAJAS A DOS PIERNAS CON RODILLAS FLEXIONADAS

TONIFICACIÓN ABDOMINAL (SUPERIORES)
LENTO A MODERADO

PREPARACIÓN

- Échese sobre la espalda.
- Mantenga ambas piernas rectas, con los talones tocando el suelo.
- Meta la barbilla hacia el pecho.
- Eleve los hombros del suelo (esto ayudará a aliviar la hiperextensión de la zona lumbar).
- Coloque las manos detrás de la cabeza.

ACCIÓN

- Simultáneamente, eleve el tren superior y flexione ambas rodillas a una posición media elevando los hombros de 30 a 60 cm del suelo.
- Toque ambas rodillas con los codos.
- Vuelva a la posición inicial (mantenga los hombros sin tocar el suelo; no hiperextienda la zona lumbar).
- Repita inmediatamente.

Nota: Evite este ejercicio si sufre cualquier tensión en la zona lumbar.

NAVAJAS A UNA PIERNA CON PIERNAS EXTENDIDAS

TONIFICACIÓN ABDOMINAL (SUPERIORES)
LENTO A MODERADO

PREPARACIÓN

- Échese sobre la espalda.
- Flexione la rodilla derecha a 90°, manteniendo el pie derecho plano en el suelo.
- Mantenga la pierna izquierda recta con el talón izquierdo tocando el suelo.
- Extienda los brazos por encima de la cabeza.

ACCIÓN

- Simultáneamente, eleve el tren superior y flexione la pierna izquierda a una posición media elevando los hombros de 30 a 60 cm del suelo.
- Toque el pie izquierdo con ambas manos.
- Vuelva a la posición inicial.
- Continúe con el mismo lado durante una serie.
- Repita con el lado contrario.

Nota: Evite lanzar los brazos; en su lugar, aísle los abdominales y eleve el tren superior a la posición correcta.

GIRO RUSO

TONIFICACIÓN ABDOMINAL (SUPERIORES)
LENTO

PREPARACIÓN

- Échese sobre la espalda.
- Flexione las rodillas entre 90 y 120°.
- Coloque los pies planos en el suelo.
- Cruce los brazos contra el pecho.
- Comience el movimiento con el tren superior elevado a unos 30° del suelo.

ACCIÓN

- Gire el tren superior a la izquierda.
- Eleve el tren superior desde una posición de 30 a una de 45° por encima del suelo.
- Mantenga esta posición durante un segundo.
- Gire hacia la derecha.
- Descienda el tren superior de 45 a 30°.
- Mantenga esta posición durante un segundo.
- Gire hacia la izquierda.
- Continúe la misma dinámica de rotación hasta completar todas las repeticiones de una serie.
- Repita para la rotación contraria.

NEGATIVAS

TONIFICACIÓN ABDOMINAL (SUPERIORES)
LENTO

PREPARACIÓN

- Flexione las rodillas a 90°.
- Coloque los pies planos sobre el suelo.
- Cruce los brazos sobre el pecho.
- Comience el movimiento con el tren superior a unos 45° del suelo.

ACCIÓN

- Descienda *lentamente* (cinco segundos) el tren superior hasta el suelo.
- Toque el suelo con los omoplatos (sin rebotar).
- Vuelva rápidamente a la posición inicial.
- Repita inmediatamente.

Nota: Los principiantes pueden necesitar anclar los pies hasta desarrollar los niveles necesarios de fuerza. A medida que aparece la fatiga, evite la hiperextensión de la zona lumbar.

AISLAMIENTO DE ESPALDA BAJA

TONIFICACIÓN ABDOMINAL (ESPALDA)
LENTO

PREPARACIÓN

• Échese en el suelo en posición supina con toda la columna en contacto con el suelo.

• Flexione las rodillas a 90°.

• Coloque los pies planos sobre el suelo, separados a la anchura de los hombros.

• Coloque las manos sobre las caderas.

ACCIÓN

• Contraiga los músculos de la zona lumbar y los glúteos y eleve las caderas del suelo.

• Mantenga los hombros y espalda alta en contacto con el suelo.

• Mantenga el peso corporal fuera del cuello.

• Sostenga la posición durante 5 a 10 segundos.

• Vuelva a la posición inicial.

• Repita inmediatamente.

Nota: Coloque una almohada debajo de la cabeza y el cuello para aumentar la comodidad y el soporte.

AISLAMIENTO DE ESPALDA BAJA: CONTRACCIÓN-RELAJACIÓN

TONIFICACIÓN ABDOMINAL (ESPALDA)
LENTO

PREPARACIÓN

- Échese sobre la espalda.
- Flexione las rodillas a 90°.
- Coloque los pies sobre el suelo, separados a la anchura de los hombros.
- Coloque las manos sobre las caderas.

ACCIÓN

- Contraiga los músculos de la zona lumbar y los glúteos y eleve las caderas del suelo (ver foto en la página 122).
- Mantenga los hombros y espalda alta en contacto con el suelo.
- Mantenga el peso corporal fuera del cuello.
- Desde esta posición, contraiga y eleve las caderas de 15 a 20 cm más.
- Sostenga la posición durante un segundo.
- Vuelva a la posición inicial.
- Repita inmediatamente.

Nota: Coloque una almohada debajo de la cabeza y el cuello para aumentar la comodidad y el soporte.

123

ELEVACIÓN DE PIERNA EN PRONACIÓN

TONIFICACIÓN ABDOMINAL (ESPALDA)
LENTO

PREPARACIÓN

• Échese sobre el suelo en posición prono.

• Apóyese ligeramente sobre los codos.

ACCIÓN

• Contraiga los glúteos e isquiotibiales izquierdos elevando la pierna extendida tan alto como cómodamente sea posible.

• Mantenga la posición durante un segundo.

• Vuelva a la posición inicial.

• Continúe en el mismo lado durante una serie o bien alterne ambos lados.

ELEVACIÓN DE ESPALDA

TONIFICACIÓN ABDOMINAL (ESPALDA)
LENTO

PREPARACIÓN

• Échese sobre el suelo en posición prono.
• Coloque las manos detrás de la cabeza.

ACCIÓN

• Contraiga los músculos de la espalda baja y glúteos.
• Eleve el tren superior de forma que el pecho esté de 8 a 10 cm del suelo.
• Mantenga la posición durante un segundo.
• Vuelva lentamente a la posición inicial.
• Repita inmediatamente.

Nota: Los principiantes que tengan dificultad para realizar este ejercicio debido a sus bajos niveles de fuerza, podrían intentar anclar los pies o disponer de un compañero que aplique una ligera sujeción en los tobillos para aumentar la palanca. Si sigue teniendo problemas, intente colocar los brazos a los lados antes de pasar a la posición más difícil de «manos detrás de la cabeza».

ELEVACIÓN DE ESPALDA CON GIRO

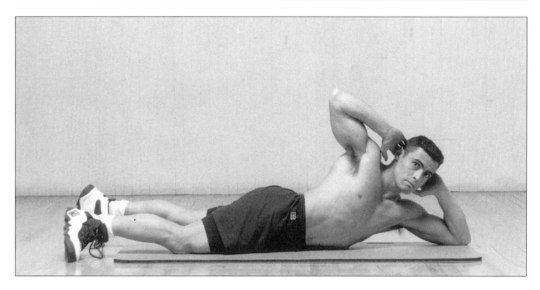

TONIFICACIÓN ABDOMINAL (ESPALDA)
LENTO

PREPARACIÓN

• Échese sobre el suelo en posición prono.

• Separe las piernas, con los pies a la anchura de los hombros.

• Coloque las manos detrás de la cabeza, con los codos tocando el suelo.

ACCIÓN

• Aísle el glúteo izquierdo y los músculos de la espalda baja

• Mantenga el codo izquierdo en contacto con el suelo.

• Eleve y gire.

• Mantenga la posición durante un segundo.

• Vuelva lentamente a la posición inicial.

• Continúe con el mismo lado durante una serie o bien alterne ambos lados.

• A medida que los niveles de fuerza aumenten, mantenga ambos codos sin tocar el suelo durante el movimiento.

Nota: Los principiantes que tengan dificultad para realizar este ejercicio debido a sus bajos niveles de fuerza, podrían intentar anclar los pies o disponer de un compañero que aplique una ligera sujeción en los tobillos para aumentar la palanca.

SUPERMAN

TONIFICACIÓN ABDOMINAL (ESPALDA)
LENTO

PREPARACIÓN

- Échese sobre el suelo boca abajo.
- Extienda los brazos hacia delante.

ACCIÓN

- Eleve simultáneamente el tren superior y las piernas del suelo.
- Mantenga la posición durante 3-5 segundos.
- Vuelva a la posición inicial.
- Repita inmediatamente.

SUPERMAN UNILATERAL

TONIFICACIÓN ABDOMINAL (ESPALDA)
LENTO

PREPARACIÓN

- Échese sobre el suelo boca abajo.
- Extienda los brazos hacia delante.

ACCIÓN

- Eleve simultáneamente el brazo izquierdo y el tren superior, y la pierna izquierda del suelo.
- Mantenga la posición durante 3-5 segundos.
- Vuelva a la posición inicial.
- Continúe con el mismo lado durante una serie o bien alterne ambos lados.

SUPERMAN CONTRALATERAL

TONIFICACIÓN ABDOMINAL (ESPALDA)
LENTO

PREPARACIÓN

- Échese sobre el suelo boca abajo.
- Extienda los brazos hacia delante.

ACCIÓN

- Eleve simultáneamente el brazo izquierdo, el tren superior y la pierna derecha del suelo.
- Mantenga la posición durante 3-5 segundos.
- Vuelva a la posición inicial.
- Repita el movimiento con las extremidades contrarias (es decir, brazo derecho y pierna izquierda).

ELEVACIÓN LATERAL DE PIERNA

TONIFICACIÓN ABDOMINAL (ESPALDA)
LENTO

PREPARACIÓN

• Échese sobre el lado izquierdo.

• Mantenga las piernas extendidas.

• Descanse el codo izquierdo en el suelo y la cabeza en la mano izquierda.

• Curve el cuerpo ligeramente hacia delante.

• Mantenga la pierna derecha unos 30 cm por encima de la pierna izquierda.

ACCIÓN

• Contraiga el glúteo y los músculos lumbares del lado derecho elevando la pierna derecha tan alto como sea cómodamente posible.

• Mantenga la posición durante un segundo.

• Vuelva a la posición inicial (la pierna derecha 30 cm por encima de la izquierda).

• Continúe en el mismo lado durante una serie.

• Repita en el lado contrario.

EXTENSIÓN DE CADERA

TONIFICACIÓN ABDOMINAL (ESPALDA)
LENTO

PREPARACIÓN

• Coloque las manos y la rodilla derecha en el suelo.

• Extienda la pierna izquierda, con los dedos del pie tocando el suelo.

• Eleve la cabeza ligeramente, mirando hacia un punto que diste por delante algo más de un metro.

ACCIÓN

• Contraiga los glúteos e isquiotibiales del lado izquierdo y eleve la pierna tan alto como cómodamente sea posible.

• Mantega la posición durante un segundo.

• Vuelva a la posición inicial.

• Continúe con el mismo lado durante una serie.

• Repita con el lado contrario.

Nota: Puede realizar este ejercicio de pie. Coloque las manos contra una pared y siga las mismas directrices anteriores.

EXTENSIÓN DE CADERA CON PATADA TRASERA

TONIFICACIÓN ABDOMINAL (ESPALDA)
LENTO

PREPARACIÓN

• Coloque las manos y la rodilla derecha en el suelo.
• Lleve la pierna izquierda hacia arriba bajo el pecho.
• Eleve la cabeza ligeramente, mirando hacia un punto que diste por delante algo más de un metro.

ACCIÓN

• Contraiga los glúteos e isquiotibiales del lado izquierdo y eleve la pierna tan alto como cómodamente sea posible. (Ver foto de página anterior.)
• Mantega la posición durante un segundo.
• Vuelva a la posición inicial.
• Continúe con el mismo lado durante una serie.
• Repita con el lado contrario.

Nota: Puede realizar este ejercicio de pie. Coloque las manos contra una pared y siga las mismas directrices anteriores.

HIPEREXTENSIÓN LUMBAR CON AYUDA

TONIFICACIÓN ABDOMINAL (ESPALDA)
LENTO

PREPARACIÓN

• Échese en una camilla o tabla acolchada con las piernas sobre la misma y el tren superior colgando sobre el suelo.

• Coloque las caderas en el borde de la camilla.

• Disponga de un compañero que le sujete las piernas.

• Coloque las manos detrás de la cabeza o bien protegiendo la cara. Los principiantes deberían emplear los brazos (manos sobre el suelo) para ayudar en el movimiento. A medida que aumenten los niveles de fuerza, requerirá menos asistencia hasta que, finalmente, no necesitará emplear los brazos como ayuda.

ACCIÓN

• Contraiga los músculos lumbares y los glúteos y eleve el tren superior hasta una posición horizontal.

• Mantenga la posición paralela al suelo durante un segundo.

• Vuelva lentamente a la posición inicial.

• Repita inmediatamente.

• Mantenga la cabeza y los hombros rectos a lo largo de todo el levantamiento.

PESO MUERTO CON RODILLAS FLEXIONADAS

TONIFICACIÓN ABDOMINAL (ESPALDA)
LENTO

PREPARACIÓN

• En posición erecta, con los pies separados a la anchura de los hombros.

ACCIÓN

• Con la espalda recta, flexione las caderas y rodillas hasta que las manos lleguen ligeramente por debajo de las rodillas.
• Mantenga la cabeza elevada.
• Empleando las piernas y la espalda baja, recupere la vertical.
• Repita inmediatamente.

Nota: Para añadir resistencia intente mantener en cada mano un bidón de plástico con distintas cantidades de agua según los niveles de fuerza.

7

EJERCICIOS DE FUERZA ABDOMINAL

Si lo recuerda, la *fuerza muscular* absoluta es la máxima cantidad de fuerza que un músculo puede generar durante una contracción, y la *resistencia muscular* es la capacidad del músculo de ejercer fuerza sostenidamente durante un cierto periodo de tiempo. El grado de fuerza muscular desarrollado está directamente relacionado con el grado de sobrecarga. En el capítulo 1 nos referimos al luchador griego Milo de Crotona y a su sistema elemental para desarrollar la fuerza. A medida que el ternero iba creciendo para convertirse en un toro, Milo tenía que adaptarse progresivamente al aumento de resistencia al cargar con el animal a través del estadio. Esto es la sobrecarga progresiva. De acuerdo con este principio, para mejorar la fuerza, usted debe aplicar fuerza contra una resistencia mayor que la que se encuentra normalmente en la actividad diaria o en el rendimiento deportivo. Una vez se haya adaptado a un cierto nivel de resistencia, debe aumentar la carga de nuevo para asegurar un progreso continuo.

Tanto el aumento de tamaño del músculo esquelético como la mejora del control motor del sistema muscular conducen a un aumento de la fuerza y el rendimiento de ese músculo. Existe una relación directa entre entrenamiento de fuerza y aumento de la talla de los músculos. Este aumento

se denomina *hipertrofia*. Los hombres, con sus niveles naturales mayores de testosterona, son más propensos a experimentar la hipertrofia por medio de un entrenamiento de fuerza que las mujeres y los niños prepuberales. Las mujeres y los niños, sin embargo, pueden conseguir ganancias significativas de fuerza, tonificación y potencia por medio de un aumento de la *implicación muscular* y del *desarrollo de la habilidad motora*. Por supuesto, cualquiera que sea la combinación de hipertrofia y aumento de habilidad motora, estos cambios inducidos por el ejercicio permiten a los músculos tratar el estrés más eficientemente con menos riesgo de lesión. Éste es el caso del centro de potencia.

Debido a que ningún programa puede desarrollar todos los aspectos del sistema muscular de igual manera, debe elegir aquello más adecuado para usted. Un régimen que enfatice el levantamiento de cargas altas con pocas repeticiones (de 3 a 6) favorece el desarrollo de la fuerza muscular. Esta rutina generalmente emplea un intervalo de descanso largo entre series para permitir una recuperación más completa. La hipertrofia o entrenamiento para aumentar la masa muscular no está tan lejos de una rutina orientada a la fuerza. Para diseñar un entrenamiento de hipertrofia, seleccione una resistencia que le permita realizar unas cuantas repeticiones más por serie (8 a 12) y tome intervalos de descanso más cortos entre las distintas series. Por el contrario, una rutina en la que se levante menos peso y se realicen más repeticiones (más de 10) favorece la tonificación y la resistencia muscular. ¿En qué dirección debería ir *usted*? Considere que el tronco y el torso bajo es una región del cuerpo que se beneficia mucho de la fuerza máxima; no obstante, los músculos trabajan continuamente, manteniendo el equilibrio y la estabilidad, reforzando la columna, y requieren resistencia muscular. Debido a este trabajo diario y continuo, recomendamos una rutina que se incline más hacia el desarrollo de la resistencia muscular para la población general y muchos deportistas.

Si es usted un deportista de un cierto nivel, debería igualmente seguir una rutina combinada, haciendo un mayor hincapié en el extremo de fuerza y potencia del *continuum*. Dada la naturaleza explosiva de la mayoría de movimientos deportivos, recomendamos que incida sobre el desarrollo de la potencia de su tronco. Las actividades con cargas altas y de tipo balístico tienden a reclutar las fibras más explosivas (fibras FT), de ahí que recomendemos incorporar más actividades de esta clase en su rutina que en una para un practicante de fitness. (Analizaremos el entrenamiento de potencia más profundamente en el capítulo 8.)

Este capítulo se titula «Ejercicios de fuerza abdominal» por buenas razones. Con estos ejercicios, incidiremos más en el desarrollo de la fuerza y en la aplicación de esa fuerza a las actividades deportivas. Sin embargo, si es usted un practicante de fitness avanzado y está decidido a ello, puede incluir algunos de estos ejercicios en su propio régimen —pero sólo después de haber dominado los ejercicios del capítulo 6—. Los ejercicios de este capítulo implicarán el uso de equipamiento de entrenamiento de fuerza, como las pesas libres (es decir, barras y mancuernas) y otros medios de resistencia variable, como las máquinas.

Los deportistas suelen preferir las pesas libres debido a que su uso implica a músculos secundarios, que ayudan a controlar o estabilizar a los músculos principales durante el levantamiento. Sin embargo, en este tipo de ejercicio existe cierto riesgo y sugerimos las pesas libres sólo para aquellos que hayan experimentado con estos métodos; no las recomendamos para un principiante. Un entrenador diplomado puede proporcionarle las instrucciones adecuadas si no se siente cómodo con la técnica de las pesas libres.

Por medio del uso de palancas o levas, las máquinas de resistencia variable intentan ajustarse a las curvas de fuerza del levantador. Existen distintos puntos débiles y fuertes a lo largo del rango de movimiento de un músculo en particular y su articulación o articulaciones. Teóricamente, este tipo de equipamiento proporciona menos resistencia en los ángulos articulares donde usted es más débil y mayor resistencia en los puntos donde es más fuerte. Estas máquinas son más seguras que las pesas libres y, por lo tanto, muy populares entre los practicantes de fitness. Alguno de los ejercicios de este capítulo implicarán el uso de maquinaria de resistencia variable. Debido a los numerosos movimientos que el tronco es capaz de realizar y debido a que sería imposible acertar con una mínima exactitud la curva de fuerza media de cada persona, es difícil diseñar máquinas para ejercitar exclusivamente el tronco. Aunque los ingenieros diseñaron las palancas o levas teniendo en cuenta diferentes grupos musculares, podemos adaptar piezas de equipamiento (no de tronco) para incidir con seguridad en la región interesada.

Si no tiene acceso a este equipamiento, puede realizar varios de los ejercicios incluidos en este capítulo con la misma efectividad empleando bandas de goma (*Theraband*). Este tipo de entrenamiento es ideal para la persona que viaja frecuentemente y no quiere perderse un entrenamiento, pero carece de una instalación adecuada. (Ver fotos de esta página y de la siguiente).

Antes de incorporar los ejercicios descritos en este capítulo en su programa actual, por favor, revise la introducción del capítulo 6. Después, tenga en cuenta que hemos diseñado los ejercicios de fuerza abdominal hacia:

• Practicantes de fitness más avanzados que la media,
• deportistas de fin de semana (aquellos que ya están en forma), y
• todos los deportistas.

Muchos de los ejercicios emplean resistencia externa para aumentar las demandas físicas de su sistema. Pero tenga en cuenta que la resistencia externa también aumenta el riesgo de lesión. Usted debe asumir la responsabilidad de determinar si es capaz de ejecutar estos ejercicios de manera segura. Lea atentamente las descripciones de los ejercicios. Si es posible, trabaje con un instructor o compañero que esté familiarizado con la técnica correcta. Practique el movimiento sin usar resistencia externa primero para asegurar que domina el movimiento. Trabaje frente a un espejo, instructor o compañero para obtener el feedback visual o verbal. Una vez esté cómodo con la técnica, incorpore len-

tamente la resistencia externa. Recuerde: comience con pesos ligeros y *nunca* sacrifique la técnica para aumentar la resistencia, repeticiones o series.

No recomendamos aumentar las demandas de resistencia a las que expone a sus abdominales y lumbares hasta un punto que le limite a realizar sólo unos cuantos levantamientos. Aumente la resistencia gradualmente lo suficiente como para estresar el sistema poco a poco mientras sigue el criterio de las altas repeticiones.

Como con cualquier otro sistema de entrenamiento, si abandona el programa experimentará un rápido efecto de desentrenamiento. Usted debe, al menos, seguir un programa de mantenimiento para conservar todo lo que ha ganado. Afortunadamente, es más fácil mantener que ganar fuerza. En un programa de mantenimiento se disminuirá la frecuencia y la duración, pero la intensidad de los pocos entrenamientos que queden debe seguir siendo alta. No abandone el trabajo para convertirse otra vez en una patata. Siga una rutina adecuada y aférrese a ella.

Ejercicios de fuerza abdominal

ENCOGIMIENTO OBLICUO EN BANCO PLANO

FUERZA ABDOMINAL (OBLICUOS)
MODERADA

PREPARACIÓN

• Siéntase en el extremo de un banco plano.

• Flexione las caderas y rodillas a 90°.

• Eleve los pies aproximadamente 5-15 cm del suelo.

• Coloque las manos de 30 a 60 cm por detrás de los glúteos y agarre los lados del banco, manteniendo los codos flexionados.

ACCIÓN

• Gire las piernas a la derecha.

• «Encoja» simultáneamente el tren superior e inferior, dirigiendo el hombro derecho hacia la rodilla izquierda.

• Vuelva a la posición inicial.

• Gire las piernas hacia la izquierda.

• Repita el movimiento con el hombro izquierdo dirigido hacia la rodilla derecha.

Nota: Mantenga una ligera curvatura en la columna. Esto ayudará a eliminar la hiperextensión de la zona lumbar.

ELEVACIÓN LATERAL EN SILLA ROMANA

FUERZA ABDOMINAL (OBLICUOS) LENTA A MODERADA

PREPARACIÓN

• Empleando una silla romana, coloque la cadera izquierda en el borde frontal del soporte acolchado.

• Con el pie derecho frente al izquierdo, ajuste el rodillo de la tibia (pierna) a una posición cómoda.

• Coloque la mano derecha detrás de la cabeza.

• Coloque la mano izquierda en los oblicuos que trabajan.

• Para comenzar el movimiento, incline el tren superior ligeramente por debajo de la horizontal.

ACCIÓN

• Contraiga los oblicuos del lado derecho y levante el tren superior a una posición ligeramente por encima de la horizontal, evitando elevarse con las piernas.

• Dirija el codo derecho hacia la cadera izquierda.

• Mantenga la posición durante un segundo.

• Vuelva lentamente a la posición inicial.

• Continúe con el mismo lado durante una serie.

• Repita con el lado contrario.

Nota: Este ejercicio podría causar alguna molestia en la espalda baja. Recomendamos tener precaución.

140

GIRO OBLICUO EN SILLA ROMANA

FUERZA ABDOMINAL (OBLICUOS)
MODERADA

PREPARACIÓN

• Empleando una silla romana, coloque los tobillos debajo de los rodillos para la tibia.

• Coloque las caderas en el borde frontal del acolchado para el torso.

• Inclínese hacia atrás de forma que el tren superior esté ligeramente por encima de la horizontal.

• Cruce los brazos contra el pecho o coloque las manos detrás de la cabeza.

ACCIÓN

• Mantenga isométricamente el tren superior en la posición extendida.

• Gire hacia la izquierda.

• La cabeza debería girar con el torso.

• Repita inmediatamente hacia la derecha.

• Continúe alternando durante una serie.

Nota: Este ejercicio podría causar alguna molestia en la espalda baja. Recomendamos tener precaución. Mantenga una ligera curvatura en la columna. Esto ayudará a eliminar la hiperextensión de la zona lumbar.

ELEVACIÓN Y GIRO OBLICUO EN SILLA ROMANA

FUERZA ABDOMINAL (OBLICUOS) MODERADA

PREPARACIÓN

• Empleando una silla romana, coloque los tobillos debajo de los rodillos para la tibia.

• Coloque las caderas en el borde frontal del acolchado para el torso.

• Inclínese hacia atrás de forma que el tren superior esté ligeramente por encima de la horizontal.

• Cruce los brazos sobre el pecho o coloque las manos detrás de la cabeza.

ACCIÓN

• Aísle los oblicuos del lado derecho y los abdominales superiores, pero evite el levantamiento con las piernas.

• Eleve y gire el tren superior aproximadamente 20-30 cm.

• Vuelva a la posición inicial.

• Continúe en el mismo lado durante una serie o bien alterne ambos lados.

Nota: Este ejercicio podría causar alguna molestia en la espalda baja. Tenga precaución. Mantenga una ligera curvatura en la columna. Esto ayudará a eliminar la hiperextensión de la zona lumbar.

142

GIRO RUSO EN SILLA ROMANA

FUERZA ABDOMINAL (OBLICUOS)   LENTA

PREPARACIÓN

• Empleando una silla romana, coloque los tobillos debajo de los rodillos para la tibia.

• Coloque las caderas en el borde frontal del acolchado para el torso.

• Inclínese hacia atrás para formar un ángulo de 45° con el suelo.

• Cruce los brazos sobre el pecho o coloque las manos detrás de la cabeza.

ACCIÓN

• Gire hacia la izquierda.

• Deje caer el tren superior de 15 a 20 cm.

• Vuelva a la posición inicial.

• Gire hacia la derecha.

• Levante el tren superior de 15 a 20 cm, evitando que el levantamiento se haga con las piernas.

• Continúe alternando durante toda la serie.

Nota: Este ejercicio podría causar alguna molestia en la espalda baja. Tome precauciones. Mantenga una ligera curvatura en la columna. Esto ayudará a eliminar la hiperextensión de la zona lumbar.

143

ELEVACIÓN DE PIERNAS CON ENCOGIMIENTO OBLICUO

FUERZA ABDOMINAL (OBLICUOS)
MODERADA

PREPARACIÓN

• Coloque el soporte lumbar en la parte baja de la espalda.

• Descanse los codos en el acolchado para los mismos, ligeramente enfrente del tren superior.

• Coja ligeramente los agarres.

• Flexione las caderas y rodillas a 90°.

• No hiperextienda la espalda baja.

• Con los hombros en ángulo recto con el aparato, gire el tren inferior hacia la izquierda.

ACCIÓN

• Contraiga los oblicuos del lado derecho y los abdominales inferiores y eleve las piernas entre 20 y 25 cm.

• Evite los lanzamientos o emplear la inercia para elevar las piernas.

• Mantenga la posición durante un segundo.

• Vuelva a la posición inicial.

• Continúe hacia el mismo lado durante una serie.

• Repita con el lado contrario.

GIRO CON BARRA SENTADO

FUERZA ABDOMINAL (OBLICUOS)
LENTA

PREPARACIÓN

• Siéntese en un banco plano.
• Coloque los pies planos sobre el suelo.
• Empiece con un palo y progrese hacia una barra ligera colocada sobre los hombros.
• Mantenga la espalda recta.
• Mantenga la cabeza erguida, mirando hacia delante.

ACCIÓN

• Gire lentamente el torso hacia la izquierda y mantenga la posición durante un segundo.
• Recuerde mantener la cabeza erguida, fijando la mirada hacia delante.
• Repita hacia la derecha.

INCLINACIÓN LATERAL CON BARRA

FUERZA ABDOMINAL (OBLICUOS)
LENTA

PREPARACIÓN

• Permanezca de pie con los pies separados a la anchura de los hombros.
• Flexione la rodillas ligeramente.
• Comience con un palo y progrese hacia una barra ligera colocada sobre los hombros.
• Mantenga la espalda recta.
• Mantenga la cabeza vertical, mirando hacia delante.

ACCIÓN

• Contraiga los oblicuos del lado izquierdo y flexiónese hacia los lados por la cintura.
• Aísle el movimiento en la cadera, no en las rodillas.
• El rango de movimiento está limitado; por lo tanto, no se incline demasiado.
• Para asegurar un encogimiento completo de los oblicuos del lado izquierdo, eleve simultáneamente el talón izquierdo del suelo.
• Mantenga la posición durante un segundo.
• Continúe con el mismo lado durante una serie o bien alterne ambos lados.

Nota: También puede realizar este ejercicio sentado en un banco plano.

INCLINACIÓN LATERAL CON MANCUERNA A UNA MANO

FUERZA ABDOMINAL (OBLICUOS)
LENTA

PREPARACIÓN

• Permanezca de pie con los pies separados a la anchura de los hombros.
• Flexione las rodillas ligeramente.
• Sostenga una mancuerna con la mano derecha.
• Coloque la mano izquierda detrás de la cabeza.
• Mantenga la espalda recta.
• Mantenga la cabeza erguida, mirando hacia delante.

ACCIÓN

• Para empezar, permita que el peso de la mancuerna tire del tren superior lentamente hacia la derecha.
• Contraiga los oblicuos del lado izquierdo y tire del peso de nuevo hacia la izquierda.
• Aísle el movimiento en la cadera, no en las rodillas.
• El rango de movimiento está limitado, por lo tanto, no se incline demasiado.
• Para asegurar un encogimiento completo de los oblicuos del lado izquierdo, eleve simultáneamente el talón izquierdo del suelo.
• Mantenga la posición durante un segundo.
• Vuelva a la posición inicial.

• Continúe con el mismo lado durante una serie.
• Repita con el lado contrario.

Nota: Si es usted un principiante, comience sin peso; no debería emplear mancuernas hasta que haya dominado la técnica de este ejercicio. A medida que gane fuerza, practique con garrafas de agua, listines de teléfono o con mancuernas muy ligeras antes de emplear resistencias más pesadas.

TIRONES HACIA ABAJO CON GIRO ARRODILLADO

FUERZA ABDOMINAL (OBLICUOS)

PREPARACIÓN

• Para empezar, seleccione una carga ligera y aumente sólo la resistencia según dicten los niveles de fuerza y de dominio de la técnica.

• Arrodíllese en el suelo enfrente de una máquina de cables cruzados (también puede hacerse en máquinas de polea trasera).

• Flexione las rodillas a 90°, manteniéndolas separadas de 20 a 30 cm.

• Mantenga el tren superior paralelo al suelo y la espalda recta.

(Nota: Puede que en algunas máquinas se necesite una extensión de cable suministrada por los fabricantes.)

• Agarre la cuerda (o barra o toalla doblada sobre la barra, o similar) y manténgala firmemente detrás de la cabeza.

ACCIÓN

• Contraiga los oblicuos y tire del codo izquierdo hacia la rodilla derecha.

• Mantenga la posición durante un segundo.

• Vuelva lentamente a la posición inicial.

• Continúe con el mismo lado durante una serie o bien alterne ambos lados.

Nota: Evite un movimiento excesivo a nivel de la cadera y la hiperextensión de la zona lumbar. El único movimiento debería ser el limitado rango de movimiento conseguido al contraer los oblicuos.

148

TIRONES HACIA ABAJO CON GIRO EN POSICIÓN DE PIE

FUERZA ABDOMINAL (OBLICUOS)
LENTA

PREPARACIÓN

• Para empezar, seleccione una carga ligera y aumente sólo la resistencia según dicten los niveles de fuerza y el dominio.

• Sitúese en el suelo enfrente de una máquina de polea trasera (también puede hacerse en máquinas de cables cruzados).

• Flexione ligeramente las rodillas separadas a la anchura de los hombros.

• Colóquese de manera que cuando flexione las caderas a 90°, es decir, cuando el tren superior esté paralelo al suelo, la barra esté justo encima de su cuello.

• Una vez los pies estén cómodamente colocados, coja la barra con un agarre prono (palma de la mano hacia abajo).

• Descienda el tren superior hasta la posición horizontal.

• Coloque la barra detrás de la cabeza con las manos cerca de las orejas.

piernas; en su lugar, concéntrese en los músculos que está entrenando.

ACCIÓN

• Contraiga los oblicuos y tire del codo izquierdo hacia la rodilla derecha.

• Mantenga la posición durante un segundo.

• Vuelva lentamente a la posición inicial.

• Continúe con el mismo lado durante una serie o bien alterne ambos lados.

• Evite emplear los músculos de las

Nota: Evite un movimiento excesivo a nivel de la cadera y la hiperextensión de la zona lumbar. El único movimiento debería ser el limitado rango conseguido al contraer los oblicuos. Evite este ejercicio si tiende a lesionarse la espalda baja.

TIRONES HACIA ABAJO CON GIRO EN POSICIÓN SENTADA

FUERZA ABDOMINAL (OBLICUOS)
LENTA

PREPARACIÓN

• Para empezar, seleccione una carga ligera y aumente sólo la resistencia según dicten los niveles de fuerza y de dominio de la técnica.

• Siéntese en una máquina de polea trasera, dando la espalda a la misma.

• Coloque los pies planos sobre el suelo, separados entre 30 y 45 cm.

• Agarre la cuerda (o toalla) y manténgala firmemente junto a la cabeza.

• Con los muslos paralelos al suelo, descienda el tren superior hasta un ángulo de 45°.

ACCIÓN

• Contraiga los oblicuos y tire del codo izquierdo hacia la rodilla derecha.

• Mantenga la posición durante un segundo.

• Vuelva lentamente a la posición inicial.

• Continúe hacia el mismo lado durante una serie o bien alterne ambos lados.

Nota: Evite un movimiento excesivo a nivel de la cadera y la hiperextensión de la zona lumbar. El único movimiento debería ser el limitado rango conseguido al contraer los oblicuos.

REMO VERTICAL CON GIRO A UN BRAZO

FUERZA ABDOMINAL (OBLICUOS)
LENTA A MODERADA

PREPARACIÓN

• Para empezar, seleccione una carga ligera y aumente sólo la resistencia según dicten los niveles de fuerza y de dominio de la técnica.

• Siéntese en una máquina de remo vertical o de polea baja.

• Estabilice el tren inferior empleando una base de sustentación amplia con los pies.

• Mantenga la espalda recta.

• Coja el agarre con la mano izquierda.

ACCIÓN

• Rote el tren superior en el sentido de las agujas del reloj, tirando con el brazo izquierdo hacia atrás tan lejos como sea cómodamente posible, mientras se mantiene la postura correcta descrita arriba.

• Tire con los oblicuos, no con los brazos.

• Mantenga la posición durante un segundo.

• Vuelva lentamente a la posición inicial (no deje caer la pila de pesas).

• Continúe hacia el mismo lado durante una serie.

• Repita hacia el lado contrario.

MÁQUINA ROTADORA DE TORSO

FUERZA ABDOMINAL (OBLICUOS)
LENTA

PREPARACIÓN

• Las máquinas varían según su diseño mecánico.

• Siga las instrucciones sugeridas por el fabricante.

ACCIÓN

• Siga las instrucciones sugeridas por el fabricante para el ejercicio.

ELEVACIÓN DE RODILLAS EN BANCO PLANO

FUERZA ABDOMINAL (INFERIORES)
MODERADA

PREPARACIÓN

• Siéntese en el borde de un banco plano.
• Mantenga las piernas rectas con las rodillas ligeramente flexionadas.
• Eleve los pies aproximadamente 5-15 cm del suelo.
• Coloque las manos a unos 30-60 cm detrás de los glúteos y agarre los lados del banco, manteniendo los codos flexionados.

ACCIÓN

• Flexione las rodillas y elévelas hacia el tren superior, mientras éste se encoge simultáneamente hacia las rodillas.
• Vuelva a la posición inicial.
• Repita inmediatamente.

Nota: Mantenga una ligera curvatura en la columna. Esto ayudará a eliminar la hiperextensión de la zona lumbar.

ELEVACIÓN DE PIERNAS EXTENDIDAS EN BANCO PLANO

FUERZA ABDOMINAL (INFERIORES)
MODERADA

PREPARACIÓN

• Siéntese en el borde de un banco plano.
• Mantenga las piernas rectas con las rodillas ligeramente flexionadas.
• Eleve los pies unos 5-15 cm del suelo.
• Coloque las manos aproximadamente a 30-60 cm detrás de los glúteos y agarre los lados del banco, manteniendo los codos flexionados.

ACCIÓN

• Eleve las piernas extendidas y el tren superior simultáneamente hasta una posición «máxima».
• Vuelva a la posición inicial.
• Repita inmediatamente.

Nota: Mantenga una ligera curvatura en la columna. Esto ayudará a eliminar la hiperextensión de la zona lumbar.

ELEVACIÓN DE RODILLAS EN TABLA INCLINADA

FUERZA ABDOMINAL (INFERIORES)
LENTA

PREPARACIÓN

• Ajuste el banco de abdominales a un ángulo que le suponga un cierto reto, dentro de un margen entre 15° para los principiantes y 30° para los practicantes avanzados.

• Échese en el banco, la cabeza en la parte alta, los pies en la baja.

• Meta la barbilla hacia el pecho.

• Mantenga los brazos rectos y extendidos por encima de la cabeza.

• Agarre la parte alta del banco (o las barras de soporte, agarres o similares).

• Flexione las rodillas completamente.

• Flexione las caderas de forma que la parte alta de los muslos descanse sobre el estómago.

ACCIÓN

• Mantenga la parte alta de la columna en contacto con el banco durante toda la serie.

• Contraiga los abdominales inferiores para elevar las caderas de 15 a 20 cm hacia *arriba* y *atrás*. Aísle los abdominales inferiores; no tome impulso para lanzar las piernas.

• Toque las axilas con las rodillas.

• Vuelva lentamente hacia la posición inicial.

• Repita inmediatamente.

Nota: No tire con los brazos. Manténgalos relativamente rectos a lo largo de todo el recorrido.

EMPUJÓN DE PIERNAS EN TABLA INCLINADA

FUERZA ABDOMINAL (INFERIORES)
MODERADA

PREPARACIÓN

• Ajuste el banco de abdominales a un ángulo que le suponga un cierto reto, dentro de un margen entre 15° para los principiantes y 30° para los practicantes avanzados.

• Échese en el banco, la cabeza en la parte alta.

• Mantenga la cabeza apoyada en el banco; la barbilla no debería tocar el pecho.

• Mantenga los brazos rectos y extendidos por encima de la cabeza.

• Agarre la parte alta del banco (o las barras de soporte, agarres o similares).

• Eleve las caderas con los dedos de los pies apuntando al techo.

• Mantenga las piernas rectas y perpendiculares al techo a lo largo de todo el ejercicio.

ACCIÓN

• Empuje las piernas rectas hacia el techo, no hacia atrás sobre la cara.

• Vuelva lentamente a la posición inicial.

• Repita inmediatamente.

Nota: No tire con los brazos. Manténgalos relativamente rectos a lo largo de todo el recorrido.

ELEVACIÓN DE PIERNAS CON RODILLAS FLEXIONADAS

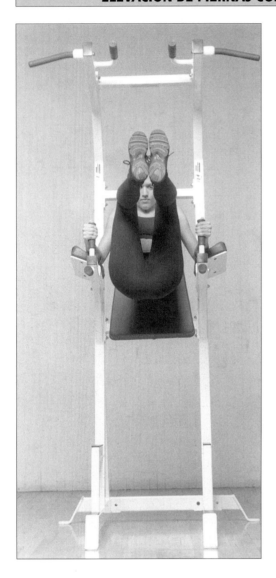

FUERZA ABDOMINAL (INFERIORES)
MODERADA

PREPARACIÓN

• Coloque el soporte lumbar en la parte baja de la espalda.
• Mantenga la cabeza hacia delante, mirando justo enfrente.
• Descanse los codos en el acolchado para los mismos, ligeramente a la altura del tren superior.
• Coja ligeramente los agarres.
• Flexione las caderas y rodillas a 90°.
• No hiperextienda la espalda baja.

ACCIÓN

• Aísle los abdominales inferiores y eleve las rodillas (enrollamiento hacia atrás) hacia el pecho. Las caderas deberían elevarse del soporte lumbar.
• Descienda lentamente las piernas a la posición inicial.
• No deje caer las piernas por debajo de la posición inicial.
• Repita inmediatamente.

Nota: El rango de movimiento debería estar limitado. No lance las piernas para generar inercia.

ELEVACIÓN DE PIERNAS ALTERNATIVA CON PIERNAS EXTENDIDAS

FUERZA ABDOMINAL (INFERIORES)
MODERADA

PREPARACIÓN

• Coloque el soporte lumbar en la parte baja de la espalda.

• Mantenga la cabeza hacia delante.

• Descanse los codos en el acolchado para los mismos, ligeramente a la altura del tren superior.

• Coja ligeramente los agarres.

• Extienda ambas piernas hacia el suelo.

• No hiperextienda la espalda baja.

ACCIÓN

• Levante la pierna izquierda hasta la horizontal (la pierna derecha permanece abajo).

• Vuelva lentamente a la posición inicial.

• Repita con la pierna contraria.

ELEVACIÓN DE PIERNAS SIMULTÁNEA CON PIERNAS EXTENDIDAS

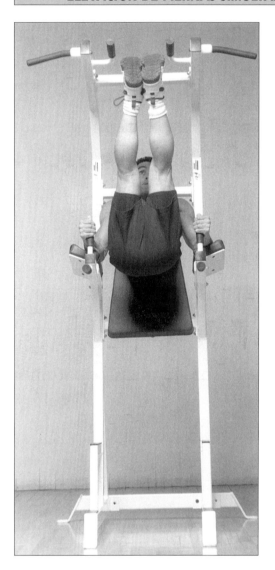

FUERZA ABDOMINAL (INFERIORES)
MODERADA

PREPARACIÓN

• Coloque el soporte lumbar en la parte baja de la espalda.

• Mantenga la cabeza hacia delante mirando enfrente.

• Descanse los codos en el acolchado para los mismos, ligeramente a la altura del tren superior.

• Coja ligeramente los agarres.

• Extienda ambas piernas hacia el suelo.

• No hiperextienda la espalda baja.

ACCIÓN

• De manera controlada, levante ambas piernas hasta la horizontal (ángulo de 90° en la cadera).

• Vuelva lentamente a la posición inicial.

• Repita inmediatamente.

Nota: A medida que los niveles de fuerza mejoren, intente elevar las piernas a una posición por encima de la horizontal (como se observa en la fotografía).

ENCOGIMIENTO COLGADO

FUERZA ABDOMINAL (INFERIORES)
MODERADA

PREPARACIÓN

• Agárrese a una barra de dominadas con las manos ligeramente más separadas que la anchura de los hombros.
• Flexione las caderas y las rodillas a 90°.

ACCIÓN

• Aísle los abdominales inferiores, encoja las rodillas hacia las axilas, evitando tirar con los brazos.
• Vuelva lentamente a la posición inicial, evitando el balanceo.
• No deje que las piernas caigan por debajo de la posición inicial.
• Repita inmediatamente.

Nota: Este ejercicio funciona mejor si un compañero se sitúa detrás y ayuda a que el ejecutante no balancee. Pruebe emplear correas para las muñecas o colgantes para los codos si la fuerza del hombro y brazo es inadecuada para mantener una técnica correcta.

ENCOGIMIENTO COMPLETO COLGADO

FUERZA ABDOMINAL (INFERIORES)
MODERADA

PREPARACIÓN

• Agárrese a una barra de dominadas con las manos ligeramente más separadas que la anchura de los hombros.
• Cuelgue las piernas rectas con las rodillas ligeramente flexionadas.

ACCIÓN

• Aísle los abdominales inferiores y eleve ambas piernas simultáneamente.
• Toque la barra con los pies.
• No hiperextienda la espalda baja ni realice un balanceo preparatorio para obtener ayuda de la inercia.
• Mantenga una «joroba» o «curva» en la espalda durante el levantamiento.
• Vuelva lentamente a la posición inicial, evitando el balanceo.
• Repita inmediatamente.

Nota: Este ejercicio requiere una considerable fuerza y coordinación abdominales. Funciona mejor si un compañero se coloca detrás y ayuda a que el ejecutante no balancee. Pruebe emplear correas para las muñecas o colgantes para los codos si la fuerza de hombros y brazos es inadecuada para mantener una técnica correcta.

ENCOGIMIENTO ARRODILLADO CON TIRÓN HACIA ABAJO

FUERZA ABDOMINAL (SUPERIORES)
LENTA

PREPARACIÓN

• Para empezar, seleccione un peso ligero, aumentando sólo la resistencia según dicte el nivel de fuerza y el dominio de la técnica.

• Arrodíllese en el suelo enfrente de una máquina de cable cruzado (también puede realizarse empleando algunas máquinas de polea trasera).

• Flexione las rodillas a 90°, manteniéndolas separadas entre 20 y 30 cm.

• Mantenga el tren superior paralelo al suelo y la espalda recta.

(*Nota*: Puede ser necesario en algunas máquinas una extensión del cable proporcionada por los fabricantes.)

• Agarre la cuerda (o barra, o toalla doblada sobre la barra o similar) y sosténgala firmemente detrás de la cabeza.

ACCIÓN

• Contraiga los abdominales superiores y enrolle los hombros hacia el suelo.

• Mueva los codos hacia los muslos.

• Mantenga la posición durante un segundo.

• Vuelva lentamente a la posición inicial.

• Repita inmediatamente.

Nota: Evite un movimiento excesivo en las caderas y la hiperextensión de la zona lumbar. El único movimiento debería ser el limitado rango de movimiento realizado al contraer los abdominales superiores.

ENCOGIMIENTO EN POSICIÓN DE PIE CON TIRÓN HACIA ABAJO

FUERZA ABDOMINAL (SUPERIORES)
LENTA

PREPARACIÓN

• Para empezar, seleccione una carga ligera y aumente sólo la resistencia según dicten los niveles de fuerza y de dominio de la técnica.

• Sitúese en el suelo enfrente de una máquina de polea trasera (también puede hacerse en máquinas de cables cruzados).

• Mantenga la piernas rectas con los pies separados a la anchura de los hombros.

• Colóquese de manera que cuando flexione las caderas a 90°, es decir, cuando el tren superior esté paralelo al suelo, la barra esté justo encima de su cuello.

• Una vez los pies estén cómodamente colocados, coja la barra con un agarre supino (palma de la mano hacia arriba).

• Descienda el tren superior hasta una posición horizontal.

• Coloque la barra detrás de la cabeza con las manos cerca de las orejas.

ACCIÓN

• Contraiga los abdominales superiores y enrolle los hombros.

• Desplace los codos hacia los muslos.

• Mantenga la posición durante un segundo.

• Vuelva lentamente a la posición inicial.

• Repita inmediatamente.

Nota: Evite un movimiento excesivo a nivel de la cadera y la hiperextensión de la zona lumbar. El único movimiento debería ser el limitado rango de movimiento conseguido al contraer los abdominales superiores. Este ejercicio puede causar alguna molestia en la zona lumbar. Aconsejamos precaución.

ENCOGIMIENTO CON TIRÓN HACIA ABAJO SENTADO

FUERZA ABDOMINAL (SUPERIORES)
LENTA

PREPARACIÓN

• Para empezar, seleccione una carga ligera y aumente la resistencia según dicten los niveles de fuerza y de dominio de la técnica.

• Siéntese en una máquina de polea trasera, dándole la espalda.

• Coloque los pies planos en el suelo, separados entre 30 y 45 cm.

• Agarre la cuerda (o toalla) y manténgala firmemente junto a la cabeza.

• Con los muslos paralelos al suelo, descienda el tren superior hasta un ángulo de 45°.

ACCIÓN

• Contraiga los abdominales superiores y enrolle los hombros

• Desplace los codos hasta los muslos.

• Mantenga la posición durante un segundo.

• Vuelva lentamente a la posición inicial.

• Repita inmediatamente.

Nota: Evite un movimiento excesivo a nivel de la cadera y la hiperextensión de la zona lumbar. El único movimiento debería ser el conseguido al contraer los abdominales superiores.

AISLAMIENTO DE ABDOMINALES SUPERIORES EN SILLA ROMANA

FUERZA ABDOMINAL (SUPERIORES)
LENTA A MODERADA

PREPARACIÓN

• Empleando la silla romana, coloque los tobillos debajo de los rodillos para la tibia.
• Coloque las caderas en el borde su-perior del acolchado del torso.
• Inclínese hacia atrás hasta donde el tren superior esté ligeramente por encima de la horizontal. Mantenga esta posición contrayendo isométricamente los abdominales inferiores y los flexores de la cadera.
• Doblar los brazos sobre el pecho o situar las manos por detrás de la cabeza.

ACCIÓN

• Contraiga los abdominales superiores y enrolle los hombros hacia delante. No se eleve empleando los músculos de las piernas o los abdominales inferiores.
• Mantenga la posición durante un segundo.
• Vuelva lentamente a la posición inicial.
• Repita inmediatamente.

Nota: Este ejercicio podría causar alguna molestia en la zona lumbar. Aconsejamos tener precaución. Mantenga una ligera curvatura en la columna. Esto ayudará a eliminar la hiperextensión de la zona lumbar.

MÁQUINA DE ENCOGIMIENTO DE ABDOMINALES SUPERIORES

FUERZA ABDOMINAL (SUPERIORES)
LENTA A MODERADA

PREPARACIÓN

• Las máquinas varían según su diseño mecánico.
• Siga las indicaciones sugeridas por el fabricante.

ACCIÓN

• Siga las instrucciones indicadas por el fabricante para el ejercicio.

ELEVACIÓN DE PIERNAS EN POSICIÓN PRONO SOBRE UNA TABLA

FUERZA ABDOMINAL (ESPALDA)
LENTA

PREPARACIÓN

• Échese sobre el estómago en una tabla o banco plano.

• Coloque las caderas en el borde.

• Agarre los lados de la tabla con las manos.

• Extienda las piernas, las rodillas ligeramente flexionadas y hacia fuera, los talones tocándose.

ACCIÓN

• Para empezar, coloque las piernas ligeramente por debajo de la línea paralela al suelo.

• Contraiga los músculos de la espalda baja y los glúteos.

• Eleve las piernas a una posición por encima de la línea paralela al suelo.

• Mantenga la posición un segundo.

• Vuelva lentamente a la posición inicial.

• Repita inmediatamente.

EXTENSIÓN DE ESPALDA EN SILLA ROMANA

FUERZA ABDOMINAL (ESPALDA)
MODERADA

PREPARACIÓN

• Échese sobre el estómago, coloque el cuerpo sobre la silla romana con los soportes para los tobillos apropiadamente ajustados y las caderas en el acolchado para el torso.

• Flexiónese hacia abajo con la cadera.

• Mantenga el tren superior aproximadamente perpendicular al suelo.

• Cruce los brazos en el pecho o coloque las manos detrás de la cabeza.

ACCIÓN

• Contraiga la espalda baja y los glúteos para elevar el torso a una posición ligeramente por encima de la línea paralela al suelo.

• Mantenga la posición durante un segundo.

• Vuelva lentamente a la posición inicial.

• Pare durante un segundo (no balancee al final para ganar inercia).

• Repita inmediatamente.

Nota: Inspire al subir, espire al bajar.

EXTENSIÓN DE ESPALDA CON GIRO EN SILLA ROMANA

FUERZA ABDOMINAL (ESPALDA)   MODERADA

PREPARACIÓN

• Échese sobre el estómago, coloque el cuerpo sobre la silla romana con los soportes para los tobillos apropiadamente ajustados y las caderas en el acolchado para el torso.

• Flexiónese hacia abajo con la cadera.

• Mantenga el tren superior aproximadamente perpendicular al suelo.

• Cruce los brazos en el pecho o coloque las manos detrás de la cabeza.

Nota: Inspire al subir, espire al bajar.

ACCIÓN

• Contraiga la espalda baja y los glúteos para elevar el torso.

• Gire hacia la izquierda a medida que el torso se eleva.

• Pare cuando el torso alcance una posición ligeramente más alta que la línea paralela al suelo.

• Mantenga la posición durante un segundo.

• Vuelva lentamente a la posición inicial.

• Pare durante un segundo (no balancee al final para ganar inercia).

• Repita hacia el lado derecho.

167

TIRÓN SENTADO

FUERZA ABDOMINAL (ESPALDA)
MODERADA

PREPARACIÓN

• Para empezar, seleccione un peso ligero, aumentando sólo la carga según dicte el nivel de fuerza y de dominio de la técnica.

• Siéntese en el asiento de la máquina de polea baja (o en el suelo) y coloque los pies en el soporte.

• Con la rodillas flexionadas, coja los agarres.

• Mantenga los brazos rectos a lo largo de todo el ejercicio.

ACCIÓN

• Con un movimiento suave, contraiga los músculos lumbares e inclínese hacia delante (no tire con los brazos).

• Pare cuando el tren superior forme aproximadamente un ángulo de 45° con respecto al suelo.

• Vuelva lentamente a la posición inicial.

• Repita inmediatamente.

ROTACIÓN LUMBAR CON POLEA MEDIA

FUERZA ABDOMINAL (ESPALDA)
MODERADA

PREPARACIÓN

• Para empezar, seleccione una carga ligera, aumentando sólo la carga según dicte el nivel de fuerza y de dominio de la técnica.

• Permanezca con los pies separados a la anchura de los hombros y perpendiculares a la barra de la polea, el hombro izquierdo cerca de la máquina.

• Mantenga la espalda recta, las rodillas ligeramente flexionadas.

• Gire el tren superior hacia la máquina de polea.

• Pase la mano cruzando el cuerpo y agarre el maneral con la mano derecha.

• Mantenga el codo derecho flexionado a 90° aproximadamente.

• Mantenga el codo derecho con la mano izquierda.

ACCIÓN

• Rote el tronco y el torso hacia la derecha.

• Mantenga la posición durante un segundo.

• Vuelva lentamente a la posición inicial.

• Continúe con el mismo lado durante una serie.

• Repita hacia el lado contrario.

Nota: A pesar de la contribución de los oblicuos, los principales músculos implicados serán los de la espalda baja.

ROTACIÓN DIAGONAL EN POLEA BAJA

FUERZA ABDOMINAL (ESPALDA)
MODERADA

PREPARACIÓN

• Para empezar, seleccione una carga ligera, aumentándola sólo según dicte el nivel de fuerza y de dominio de la técnica.

• Permanezca con los pies separados a la anchura de los hombros y perpendiculares a la barra de la polea, el hombro izquierdo cerca de la máquina.

• Flexione las rodillas ligeramente.

• Gire el tren superior hacia la máquina de polea.

• Baje con las dos manos y agarre el maneral de la polea baja.

ACCIÓN

• Con un movimiento suave, rote el torso, enderezca la espalda y tire diagonalmente cruzando el cuerpo (el cable debería cruzar cerca del pecho).

• Suba tan alto como cómodamente sea posible.

• Vuelva lentamente a la posición inicial.

• Continúe hacia el mismo lado durante una serie.

• Repita hacia el lado contrario.

Nota: Aconsejamos precaución a los sujetos con historial de lumbalgias o lesión previa.

ROTACIÓN DIAGONAL CON POLEA ALTA

FUERZA ABDOMINAL (ESPALDA)
MODERADA

PREPARACIÓN

• Para empezar, seleccione una carga ligera, aumentándola solamente según dicte el nivel de fuerza y de dominio de la técnica.

• Permanezca con los pies separados a la anchura de los hombros y perpendiculares a la barra de la polea, el hombro izquierdo cerca de la máquina.

• Flexione las rodillas ligeramente.

• Gire el tren superior hacia la máquina de polea.

• Suba las dos manos y agarre el maneral de la polea baja.

ACCIÓN

• Con un movimiento suave, rote el torso y tire diagonalmente cruzando el cuerpo (el cable debería cruzar cerca del pecho y el hombro izquierdo).

• Vuelva lentamente a la posición inicial.

• Continúe hacia el mismo lado durante una serie.

• Repita hacia el lado contrario.

Nota: Aconsejamos precaución a los sujetos con historial de lumbalgias o lesión previa.

EXTENSIÓN DE CADERA EN POLEA BAJA

FUERZA ABDOMINAL (ESPALDA)
MODERADA A RÁPIDA

PREPARACIÓN

• Para empezar, seleccione una carga ligera, aumentándola sólo según dicte el nivel de fuerza y de dominio de la técnica.
• Permanezca de cara a la máquina de polea baja.
• Colóquese una cincha en el tobillo izquierdo.
• Coloque las manos en los manerales o en el cuadro de la máquina, lejos de todas las partes móviles.
• Mantenga la alineación del cuerpo.

ACCIÓN

• Manteniendo la pierna izquierda recta, extienda completamente la cadera hacia atrás.
• Mantenga la posición durante un segundo (no realice rebotes o sacudidas para ganar inercia).
• Permanezca de pie (no flexione la cintura).
• Vuelva lentamente a la posición inicial.
• Continúe durante una serie.
• Repita con el lado contrario.

FLEXIÓN CRUZADA CON MANCUERNA

FUERZA ABDOMINAL (ESPALDA)
LENTA A MODERADA

PREPARACIÓN

• Para empezar, seleccione una carga ligera, aumentándola sólo según dicte el nivel de fuerza y de dominio de la técnica.
• Permanezca en posición erecta.
• Coloque los pies ligeramente más separados que la anchura de los hombros.
• Flexione las rodillas ligeramente.
• Coloque la mano izquierda en la cadera izquierda.
• Sostenga una mancuerna ligera con la mano derecha.
• Mantenga el brazo derecho recto, colocado enfrente del cuerpo.

ACCIÓN

• Flexiónese y gire de forma que la mancuerna toque casi el muslo izquierdo (a medida que aumente la fuerza, toque la rodilla, pantorrilla y finalmente, el pie).
• Aísle los músculos de la espalda baja, suba lentamente hacia la posición inicial.
• Continúe hacia el mismo lado durante una serie.
• Repita hacia el lado contrario.

Nota: Aconsejamos precaución para los individuos con historial de lumbalgia o lesión previa.

PESO MUERTO CON BARRA Y RODILLAS FLEXIONADAS

FUERZA ABDOMINAL (ESPALDA)
LENTA

PREPARACIÓN

• Para empezar, seleccione una carga ligera, aumentándola sólo según dicte el nivel de fuerza y de dominio de la técnica.

• Empleando un *rack* de potencia, coloque la barra ligeramente por debajo de las rodillas.

• Coloque los pies separados a la anchura de los hombros.

• Flexione las rodillas ligeramente.

• Flexiónese con la cintura.

• Agarre la barra por fuera de las rodillas.

• Emplee un agarre mixto (una palma hacia arriba y la otra hacia abajo) para evitar que se deslice de las manos.

• Mantenga la espalda recta.

• Mantenga la cabeza erguida.

ACCIÓN

• Empiece el movimiento elevando ambas piernas.

• Continúe el movimiento contrayendo los músculos de la espalda baja y los glúteos, permaneciendo erecto (no hiperextienda o arquee la espalda baja).

• Mantenga la espalda recta y la musculatura de la espalda «tensa» a lo largo de todo el movimiento.

• Mantenga las piernas rectas en la parte final del movimiento.

• Mantenga los brazos rectos y la barra cerca del cuerpo a lo largo de todo el levantamiento.

• Vuelva lentamente a la posición inicial flexionando primero las rodillas, después las caderas.

• Repita inmediatamente (no realice rebotes o sacudidas de la barra para aprovechar la inercia).

Nota: Aconsejamos precaución a aquellos sujetos con historial de lumbalgia o lesión. Inspire al subir, espire al bajar. También puede realizar el ejercicio empleando mancuernas.

PESO MUERTO CON BARRA TIPO SUMO

FUERZA ABDOMINAL (ESPALDA)
LENTA

PREPARACIÓN

• Para empezar, seleccione una carga ligera, aumentándola sólo según dicte el nivel de fuerza y de dominio de la técnica.

• Empleando un *rack* de potencia, coloque la barra ligeramente por debajo de las rodillas.

• Coloque los pies separados a la anchura de los hombros.

• Flexione las rodillas ligeramente.

• Flexiónese con la cintura.

• Agarre la barra por fuera de las rodillas.

• Emplee un agarre mixto (una palma hacia arriba y la otra hacia abajo) para evitar que se deslice de las manos.

• Mantenga la espalda recta.

• Mantenga la cabeza erguida.

ACCIÓN

• Empiece el movimiento elevando ambas piernas.

• Contraiga los músculos de la espalda baja y los glúteos, permaneciendo erecto (no hiperextienda o arquee la espalda baja).

• Mantenga la espalda recta y la musculatura de la espalda «tensa» a lo largo de todo el movimiento.

• Mantenga las piernas rectas en la parte final del movimiento.

• Mantenga los brazos rectos y la barra cerca del cuerpo.

• Vuelva lentamente a la posición inicial flexionando primero las rodillas, después las caderas.

• Repita inmediatamente (no realice rebotes o sacudidas de la barra para aprovechar la inercia).

Nota: Aconsejamos precaución a aquellos sujetos con historial de lumbalgia o lesión. Inspire al subir, espire al bajar. También puede realizar el ejercicio empleando mancuernas.

MÁQUINA DE ESPALDA BAJA O CADERA Y ESPALDA

FUERZA ABDOMINAL (ESPALDA)
LENTA A MODERADA

PREPARACIÓN

• Las máquinas varían según su diseño mecánico.
• Siga las pautas sugeridas por el fabricante.

ACCIÓN

• Siga las instrucciones del fabricante para el ejercicio.

8

EJERCICIOS DE POTENCIA ABDOMINAL

El entrenamiento físico es uno de los aspectos más ignorados de la participación deportiva. La mayoría de los programas dedican una cantidad desmesurada de tiempo a la mejora de las técnicas específicas del deporte, como driblar, pasar, lanzar, chutar, mientras se dedica poco tiempo a desarrollar la capacidad atlética. No obstante, es la forma física lo que determina el *nivel* en el que se podrá manifestar la habilidad específica de cada deporte. El entrenamiento para mejorar la forma física consiste en la preparación de los componentes psicológicos y fisiológicos necesarios para un rendimiento intenso. Implica una relación armoniosa entre la mente y el cuerpo. ¿Divertido? No, pero es el factor más importante que separa a los ases de los que calientan el banquillo.

ENTRENAMIENTO SINERGÉTICO

El entrenamiento de potencia está generalmente reservado a los deportistas de nivel. Debido a la naturaleza dinámica de los deportes de competición, es necesario entrenar la fuerza explosiva del tronco y el torso *sinérgicamente*. Podemos definir *sinergia* como un resultado total mayor que la suma de sus partes. Existe una combinación infinita de movimientos de tronco (flexión, extensión, rotación, etc.), y de planos en los que éstos pueden realizarse. Por ejemplo, la flexión lateral se realiza en el plano frontal; los giros, en el plano rotacional, y la flexión hacia delante y atrás, en el plano sagital. Individualmente, cada uno de estos planos principales representa una parte del total. La mejora de cada parte del resultado total es, por supuesto, un componente principal del régimen del deportista; no obstante, debe también incorporar movimientos en muchos planos y por lo tanto integrar una gran parte de la musculatura del tronco.

ENTRENAMIENTO FUNCIONAL

La inclusión de actividades que implican *todo* el tronco y torso, no sólo grupos musculares aislados, representa el desarrollo de la potencia *funcional*. Elija actividades que incorporen movimientos similares a los sistemas energéticos dominantes y los patrones de movimiento específicos de su deporte o demarcación de juego particular. Por ejemplo, los movimientos funcionales para un lanzador de disco implican principalmente actividades rotatorias; el velocista, principalmente flexionando y extendiendo, etc. Siguiendo el concepto de especificidad, el principal foco del lanzador de disco debería contener técnicas y actividades que incluyan el componente rotatorio. Un velocista, que utiliza poco dicha técnica, debería poner mucho menos énfasis (si alguno) en tal entrenamiento. La mayoría de deportes requieren movimientos en todos los planos, así que dependerá de usted determinar sus necesidades específicas y dónde colocar el énfasis en su entrenamiento.

La región del tronco está compuesta principalmente por fibras de contracción lenta. Esto significa que es capaz de aguantar grandes cargas de trabajo con una rápida recuperación. No obstante, a pesar de que predominan las fibras de contracción lenta, las de contracción rápida también están presentes. Por supuesto, la región del tronco también es capaz de realizar acciones explosivas. Además, los movimientos explosivos de las extremidades se originan, están estabilizados por o se transfieren a través del centro de potencia. Así, el tronco es el eslabón central en el rendimiento de todos los movimientos de potencia. Como resultado, el desarrollo de la potencia en el tronco debe incorporar acciones que sean tanto explosivas como similares a los movimientos reales del deporte para el que se está entrenando. Esto solicitará el reclutamiento y desarrollo de la musculatura de contracción rápida y concentrará a todos los músculos implicados en patrones útiles y funcionales.

ACTIVIDADES DE POTENCIA

Los ejercicios abdominales propuestos en este capítulo son actividades de poten-cia. Muchos de los ejercicios, pero no todos, son pliométricos. Algunos de los ejercicios, sin embargo, no caen en la categoría de pliométricos debido a que no incluyen la característica del preestiramiento de rango de movimiento corto seguido de una contracción explosiva. Pero debido a las velocidades mayores representativas de las técnicas en este capítulo y al hecho de que se deben emplear balones medicinales, frecuentemente asociados con el entrenamiento pliométrico, debemos tener cautela con este capítulo orientado a la potencia. Emplearemos el término «potencia» en el sentido general para identificar aquellas actividades que requieren un poco más de velocidad por repetición que los ejercicios anteriormente explicados.

El entrenamiento de potencia se diferencia claramente del de fuerza y resistencia. Si recuerda del capítulo 1, un ejercicio pliométrico es aquel que se centra en los aspectos neurales del desarrollo muscular. Como resultado del entrenamiento pliométrico, aparecen cuatro transformaciones fisiológicas importantes:

1. Mejora la cantidad de energía elástica que el músculo es capaz de almacenar.

2. «Enseña» a los músculos que trabajan a contraerse más potentemente por medio de un mayor porcentaje de fibras implicadas.

3. Estimula las vías neurales para desarrollar una secuencia de activación de unidades motoras más eficiente, denominada «sumación de fuerzas».

4. Fortalece los impulsos que inhiben los efectos ralentizadores de una contrac-

ción simultánea no deseada de los músculos antagonistas (contrarios).

El entrenamiento pliométrico ayudará a que sus músculos funcionen más eficientemente y, por lo tanto, mejorará la cantidad de potencia desarrollada. En resumen, los pliométricos entrenan el componente de velocidad de la potencia por medio de las avenidas neuromusculares.

PAUTAS PARA LAS ACTIVIDADES DE POTENCIA

Las siguientes pautas le ayudarán a determinar si es usted físicamente capaz de ejecutar con seguridad los ejercicios incluidos en este capítulo:

1. Si está contemplando incluir estos ejercicios orientados a la potencia en su régimen actual de entrenamiento, podemos sólo asumir que está realizando deporte de competición. Estos ejercicios tienen poca utilidad para la población general. Si ha llegado a este capítulo, asumimos que usted tiene la capacidad física suficiente para realizar con éxito la mayor parte de ejercicios ilustrados en los dos capítulos anteriores. Observe el programa de entrenamiento de fuerza abdominal que incluimos en el capítulo 9. Si no se cree preparado para ese régimen, entonces no está preparado para comenzar con estos ejercicios.
2. Realice siempre un calentamiento previo. Un músculo ejercitado de manera vigorosa que no esté preparado adecuadamente es vulnerable a la lesión. Al echar un vistazo a los ejercicios incluidos en este capítulo, notará tendencias explosivas y algunas veces violentas. La mayor parte de deportes exige un componente balístico similar. Es peligroso realizar estos ejercicios estando «frío». Por lo tanto, sugerimos que realice un calentamiento completo antes de cada sesión de entrenamiento que incluya tanto estiramientos estáticos como movimientos activos. Asegúrese de elegir ejercicios de calentamiento que imiten los patrones de movimiento de los ejercicios que planea realizar y aumente gradualmente la velocidad.
3. La determinación de la intensidad apropiada es siempre un reto. Recuerde que más no es siempre lo mejor. Debería comenzar en un nivel que refleje su actual estado físico. Las fotografías de este capítulo muestran a un deportista utilizando un balón medicinal de 3 kg. Pero no piense que éste es el peso mínimo para alcanzar los beneficios del acondicionamiento. Empiece lento, domine la técnica y progrese lentamente. Puede empezar utilizando un balón de voleibol, después progrese a un balón medicinal de 1 kg, después de 2 kg, etc. Puede encontrar que algunos ejercicios resulten más difíciles que otros. Por lo tanto, puede no progresar tan rápidamente a los balones más pesados en algunos ejercicios con respecto a otros.
4. Emplear una técnica correcta es capital. Nunca sacrifique la técnica para avanzar a

una resistencia más pesada o para aumentar las repeticiones en una serie. Si no está seguro de si su técnica es la adecuada, solicite la opinión de un compañero de entrenamiento que esté familiarizado con la valoración de la técnica o mírese a un espejo para recibir un feedback inmediato.

5. Debido al mayor riesgo de lesión, nunca realice ejercicios de potencia cuando esté fatigado. Mientras el número de repeticiones por serie puede oscilar entre 10 y 25, el número total de repeticiones por sesión será bajo (menos de 300). Asegúrese de dejar un descanso suficiente (mínimo de un minuto) entre series.

EJERCICIOS DE POTENCIA

ROTACIÓN DEL TRONCO DE PIE CON LOS BRAZOS RÍGIDOS

POTENCIA ABDOMINAL (OBLICUOS)
RÁPIDO

PREPARACIÓN

• Permanezca de pie.
• Coloque los pies separados a la anchura de los hombros.
• Flexione las rodillas ligeramente.
• Incline el peso ligeramente hacia delante sobre los pies.
• Mantenga el tronco tenso y controlado.
• Sostenga la pelota en el pecho, con los codos hacia fuera.
• Para comenzar, gire los hombros hacia la izquierda.

Acción

• Contraiga los oblicuos del lado derecho y gire rápidamente el tren superior y el balón hacia la derecha.
• Sin hacer pausa, contrarreste inmediatamente la inercia del balón, llevándolo de nuevo a la izquierda.
• Deje que el pie pivote. Esto disminuirá el estrés rotatorio sobre las rodillas.
• Repita inmediatamente.

Nota: A medida que gane fuerza, aumente el peso del balón. Sin embargo, nunca sacrifique la técnica para aumentar la resistencia.

ROTACIÓN DEL TRONCO DE PIE CON LOS BRAZOS EXTENDIDOS

POTENCIA ABDOMINAL (OBLICUOS)
RÁPIDO

PREPARACIÓN

• Permanezca de pie.
• Coloque los pies separados a la anchura de los hombros.
• Flexione las rodillas ligeramente.
• Incline el peso ligeramente hacia delante sobre los pies.
• Mantenga el tronco y el torso tenso y controlado.
• Sostenga la pelota con los brazos extendidos a nivel del pecho.
• Para comenzar, gire los hombros hacia la izquierda.

ACCIÓN

• Contraiga los oblicuos del lado derecho y gire rápidamente el tren superior y el balón hacia la derecha.
• Sin hacer pausa, contrarreste inmediatamente la inercia del balón, llevándolo de nuevo a la izquierda.
• Deje que el pie pivote. Esto disminuirá el estrés rotatorio sobre las rodillas.
• Repita inmediatamente.

Nota: A medida que gane fuerza, aumente el peso del balón. Sin embargo, nunca sacrifique la técnica para aumentar la resistencia.

ROTACIÓN DEL TRONCO SENTADO CON LOS BRAZOS RÍGIDOS

POTENCIA ABDOMINAL (OBLICUOS)
RÁPIDO

PREPARACIÓN

- Siéntese en el suelo con las piernas rectas.
- Coloque los pies separados al menos a la anchura de los hombros.
- Siéntese recto.
- Mantenga la cabeza erguida.
- Mantenga el tronco y el torso tenso y controlado.
- Sostenga la pelota en el pecho, con los codos hacia fuera.
- Para comenzar, gire los hombros hacia la izquierda.

ACCIÓN

- Contraiga los oblicuos del lado derecho y gire rápidamente el tren superior y el balón hacia la derecha.
- Sin hacer pausa, contrarreste inmediatamente la inercia del balón, llevándolo de nuevo a la izquierda.
- Repita inmediatamente.

Nota: A medida que gane fuerza, aumente el peso del balón. Sin embargo, nunca sacrifique la técnica para aumentar la resistencia.

ROTACIÓN DEL TRONCO SENTADO CON LOS BRAZOS RECTOS

POTENCIA ABDOMINAL (OBLICUOS)
RÁPIDO

PREPARACIÓN

• Siéntese en el suelo con las piernas rectas.
• Coloque los pies separados al menos a la anchura de los hombros.
• Siéntese recto.
• Mantenga la cabeza erguida.
• Mantenga el tronco y el torso tenso y controlado.
• Sostenga la pelota con los brazos extendidos a nivel del pecho.
• Para comenzar, gire los hombros hacia la izquierda.

ACCIÓN

• Contraiga los oblicuos del lado derecho y gire rápidamente el tren superior y el balón hacia la derecha.
• Sin hacer pausa, contrarreste inmediatamente la inercia del balón, llevándolo de nuevo a la izquierda.
• Repita inmediatamente.

Nota: A medida que gane fuerza, aumente el peso del balón. Sin embargo, nunca sacrifique la técnica para aumentar la resistencia.

INCLINACIÓN LATERAL

POTENCIA ABDOMINAL (OBLICUOS)
MODERADA

PREPARACIÓN

• Permanezca de pie.
• Coloque los pies separados a la anchura de los hombros.
• Flexione las rodillas ligeramente.
• Mantenga el tronco y el torso tenso y controlado.
• Sostenga la pelota por encima de la cabeza, a pocos centímetros, sin apoyarla en ella.

ACCIÓN

• Flexiónese hacia la izquierda.
• Sin hacer pausa, contrarreste inmediatamente la inercia del balón y flexiónese a la derecha.
• Mantenga una postura corporal erecta. No se incline hacia delante ni hacia atrás.
• Repita inmediatamente.

Nota: A medida que gane fuerza, aumente el peso del balón. Sin embargo, nunca sacrifique la técnica para aumentar la resistencia.

GIRO RUSO CON BALÓN MEDICINAL

POTENCIA ABDOMINAL (OBLICUOS)
MODERADA

PREPARACIÓN

• Échese sobre la espalda.
• Coloque los pies separados a la anchura de los hombros.
• Flexione las rodillas a 90°.
• Agarre el balón.
• Flexione los codos ligeramente.
• Para comenzar, sostenga el balón a nivel de los hombros, encárese a la izquierda y toque con él el suelo.

ACCIÓN

• Contraiga los oblicuos del lado derecho y los abdominales superiores.
• Gire hacia la derecha y eleve el tren superior a unos 45° del suelo.
• Haga que el recorrido del balón pase por encima de las rodillas y de nuevo hacia el suelo en el lado derecho.
• Toque el suelo en el lado derecho.
• Repita inmediatamente hacia el lado contrario.

Nota: A medida que gane fuerza, aumente el peso del balón. Sin embargo, nunca sacrifique la técnica para aumentar la resistencia.

ENVÍOS DE LADO A LADO A UN COMPAÑERO DE PIE

**POTENCIA ABDOMINAL
(OBLICUOS)
MODERADA**

PREPARACIÓN

• Los practicantes permanecen de pie uno enfrente del otro, separados entre 1,5 y 3 m.

• Permanezcan de pie.

• Coloquen los pies separados a la anchura de los hombros.

• Flexionen los pies ligeramente.

• Mantenga el tronco y el torso tenso y controlado.

A   B

• El deportista B sostiene la pelota a un lado, a la altura de la cintura.

• Para empezar, el deportista B gira los hombros hacia la izquierda.

ACCIÓN

• El deportista B envía el balón desde la cadera izquierda a la cadera derecha del deportista A (mismo lado al estar encarados).

• La inercia del balón fuerza al deportista A a girar a ese lado.

• El deportista A contrarresta la inercia y envía inmediatamente el balón de vuelta al lado izquierdo del deportista B (mismo lado que al principio).

• Mantenga una postura correcta.

• No se incline hacia delante ni atrás.

• Continúe con el mismo lado durante una serie.

• Repita con el lado contrario.

Nota: A medida que gane fuerza, aumente el peso del balón. Sin embargo, nunca sacrifique la técnica para añadir resistencia.

ENVÍO DE BALÓN CON ROTACIÓN SENTADO

POTENCIA ABDOMINAL (OBLICUOS)
MODERADA A RÁPIDA

PREPARACIÓN

• El deportista que va a realizar el entrenamiento se sienta, las rodillas flexionadas a 90°.

• Coloque los pies separados a la anchura de los hombros.

• Siéntese recto.

• Sostenga las manos a nivel de la cara, preparado para coger el balón.

• Mire hacia el balón.

• El otro deportista permanece a una distancia cómoda (desde centímetros a algún metro), sosteniendo el balón.

ACCIÓN

• El deportista que está de pie envía el balón al lado izquierdo del que está sentado. El balón se lanza un poco más arriba del hombro izquierdo del deportista sentado. (Al principio, el envío debería ser suave; a medida que la fuerza y la coordinación mejore, aumente la velocidad del envío.)

• Cuando el deportista sentado coge el balón, la inercia le lleva hasta el suelo.

• Controle la inercia hacia abajo, tocando el balón en el suelo (no haga rebotes).

• El deportista se eleva rápidamente de nuevo a la posición inicial mientras simultáneamente envía el balón al compañero de pie.

• Mantenga el balón por encima del hombro y no enfrente del cuerpo.

• Continúe con el mismo lado durante una serie.

• Repita hacia el lado contrario.

Nota: A medida que gane fuerza, aumente el peso del balón. Sin embargo, nunca sacrifique la técnica para aumentar la resistencia. Si el deportista sentado requiere ayuda para completar el movimiento, el que está de pie debería colocarse con cuidado sobre los pies del deportista.

ENVÍOS CRUZADOS A UN COMPAÑERO DE PIE

**POTENCIA ABDOMINAL
(OBLICUOS)
RÁPIDA A EXPLOSIVA**

PREPARACIÓN

• Los dos compañeros permanecen de pie uno enfrente del otro, separados entre 1,5 y 3 m.
• Permanezcan de pie.
• Coloquen los pies separados a la anchura de los hombros.
• Flexione los pies ligeramente.
• Mantengan el tronco y el torso tenso y controlado.

• El deportista B sostiene la pelota a un lado, a la altura de la cintura.
• Para empezar, B gira los hombros y se encara hacia la izquierda.

• Continúen los envíos al lado izquierdo durante una serie.
• Repita con el lado contrario.

ACCIÓN

• B envía el balón en diagonal cruzado al lado izquierdo de A.
• La inercia del balón fuerza al deportista A a girar hacia ese lado.
• A contrarresta la inercia y suelta inmediatamente el balón de vuelta cruzado al lado izquierdo de B (mismo lado que al principio).
• Mantengan una postura correcta.
• No se inclinen hacia delante o atrás.

Nota: A medida que gane fuerza, aumente el peso del balón. Sin embargo, nunca sacrifique la técnica para añadir resistencia.

ENVÍOS CRUZADOS SENTADOS POR PAREJAS

POTENCIA ABDOMINAL (OBLICUOS)
MODERADA A RÁPIDA

PREPARACIÓN

• Ambos deportistas se sientan en el suelo uno enfrente del otro a una distancia cómoda.

• Los pies, separados a la anchura de los hombros.

• Flexionen las rodillas ligeramente.

• Siéntense rectos.

• Mantengan las manos arriba, preparadas para recibir el balón.

• Miren hacia el balón.

• El deportista B sostiene el balón a la altura de la cintura.

• Para empezar, B gira los hombros y se encara hacia la izquierda.

ACCIÓN

• B envía el balón diagonalmente y cruzado al lado izquierdo de A.

• La inercia del balón fuerza a A a girar hacia ese lado.

• A contrarresta la inercia y suelta inmediatamente el balón de vuelta al lado izquierdo de B (mismo lado que al principio).

• Mantengan una postura correcta.

• No se inclinen hacia delante o atrás.

• Continúen con el mismo lado durante una serie.

• Repita con el lado contrario.

Nota: A medida que gane fuerza, aumente el peso del balón. Sin embargo, nunca sacrifique la técnica para añadir resistencia.

ENVÍO CRUZADO A LA PARED DE PIE

POTENCIA ABDOMINAL (OBLICUOS) EXPLOSIVA

PREPARACIÓN

• Permanezca de pie, encarado a una pared *sólida*, a una distancia de más o menos 1,5 m.

• Coloque los pies separados a la anchura de los hombros.

• Flexione las rodillas ligeramente.

• Mantenga el tronco y el torso tenso y controlado.

• Flexione los codos ligeramente.

• Sostenga el balón ligeramente por encima de la altura de la cadera.

• Para empezar, gire los hombros hacia la izquierda.

ACCIÓN

• Suelte las caderas (torso bajo) y envíe el balón diagonalmente a la pared.

• Dirija el balón de forma que impacte en un lugar más alto que la posición de salida.

• Si se lanza correctamente, el balón rebotará con un ángulo hacia la cadera derecha.

• Capture el balón y contrarreste rápidamente su inercia.

• Suelte las caderas (torso bajo) de nuevo hacia la pared.

• No lance el balón con los brazos o el tren superior; céntrese en la acción explosiva oblicua.

• Continúe, alternando ambos lados durante una serie.

Nota: A medida que gane fuerza, aumente el peso del balón. Sin embargo, nunca sacrifique la técnica para añadir resistencia.

ENVÍO CRUZADO A LA PARED SENTADO

POTENCIA ABDOMINAL (OBLICUOS)
EXPLOSIVA

PREPARACIÓN

• Siéntese de frente a una pared *sólida*.

• Coloque las piernas ligeramente más separadas que la anchura de los hombros.

• Toque la pared con los pies. (A medida que mejore la fuerza y la coordinación, sitúese más lejos de ella)

• Siéntese erguido.

• Mantenga el tronco y el torso tenso y controlado.

• Flexione los codos ligeramente.

• Sostenga el balón ligeramente por encima de la altura de la cadera.

• Para empezar, gire los hombros hacia la izquierda.

Nota: A medida que gane fuerza, aumente el peso del balón. Sin embargo, nunca sacrifique la técnica para añadir resistencia.

ACCIÓN

• Suelte las caderas (torso bajo) y envíe el balón diagonalmente contra la pared.

• Dirija el balón de forma que impacte en un lugar más alto que la posición de salida.

• Si se lanza correctamente, el balón rebotará en ángulo hacia la cadera derecha.

• Capture el balón y contrarreste rápidamente su inercia.

• Suelte las caderas (torso bajo) de nuevo hacia la pared.

• No lance el balón con los brazos o el tren superior; céntrese en la acción explosiva oblicua.

• Continúe, alternando ambos lados durante una serie.

DEJADAS CON REVERSO DE PIE POR PAREJAS

POTENCIA ABDOMINAL (OBLICUOS)
RÁPIDA A EXPLOSIVA

PREPARACIÓN

• Por parejas, permanezcan de pie, dándose la espalda, separado a un metro de distancia.

• Coloquen los pies separados a la anchura de los hombros.

• Flexionen las rodillas ligeramente.

• Mantengan el tronco y el torso tenso y controlado.

• Mantengan los brazos paralelos al suelo.

• Flexionen los codos ligeramente.

ACCIÓN

• El deportista A sostiene el balón separado del cuerpo y gira hacia la izquierda.

• El B se coloca para recibir el balón en mano por el lado derecho.

• B gira inmediatamente a la izquierda y coge el balón *de manos* de A (no lance el balón).

• Dejen que el pie pivote, disminuyendo el estrés rotatorio en las rodillas.

• Continúen así durante una serie.

• Repitan por el lado contrario.

Nota: A medida que gane fuerza, aumente el peso del balón. Sin embargo, nunca sacrifique la técnica para añadir resistencia.

DEJADAS CON REVERSO SENTADOS POR PAREJAS

POTENCIA ABDOMINAL (OBLICUOS)
RÁPIDA A EXPLOSIVA

PREPARACIÓN

• Por parejas, sentados en el suelo, de espaldas, separados a un metro de distancia

• Separen las piernas.

• Flexionen las rodillas ligeramente.

• Siéntense erguidos.

• Mantengan el tronco y el torso tenso y controlado.

• Mantengan los brazos paralelos al suelo

• Flexionen los codos ligeramente.

ACCIÓN

• El deportista A sostiene el balón separado del cuerpo y gira hacia la izquierda.

• El B se coloca para recibir el balón en mano por el lado derecho.

• B gira inmediatamente a la izquierda y coge el balón *de manos* de A (no en el aire).

• Continúen así durante una serie.

• Repitan por el lado contrario.

Nota: A medida que gane fuerza, aumente el peso del balón. Sin embargo, nunca sacrifique la técnica para añadir resistencia.

ENVÍOS CON GIROS DE ESPALDA DE PIE POR PAREJAS

**POTENCIA ABDOMINAL
(OBLICUOS)
EXPLOSIVA**

PREPARACIÓN

• Por parejas, permanezcan de pie, dándose la espalda.

• La distancia variará, dependiendo de los niveles de fuerza de los deportistas y su experiencia en el ejercicio. Para empezar, prueben con 1,5 m.

• Sitúen los pies separados a la anchura de los hombros.

• Flexionen las rodillas ligeramente.

• Inclinen el peso ligeramente hacia delante sobre los huesos de los pies.

• Mantengan el tronco tenso y controlado.

• Mantengan los brazos paralelos al suelo.

• Flexionen los codos ligeramente.

• No lancen el balón *con los brazos*; en su lugar, céntrense en la acción explosiva oblicua.

• Dejen que los pies pivoten, disminuyendo el estrés rotatorio en las rodillas.

• Continúen así durante una serie.

• Repitan por el lado contrario.

ACCIÓN

• El deportista A sostiene el balón apartado del cuerpo y gira hacia la izquierda, *enviando* el balón a B.

• B se coloca para recibir el balón por su lado derecho

• B gira inmediatamente a la izquierda y *envía* el balón de vuelta al lado derecho de A.

Nota: A medida que gane fuerza, aumente el peso del balón. Sin embargo, nunca sacrifique la técnica para añadir resistencia.

DEJADAS CON REVERSO SENTADOS POR PAREJAS

POTENCIA ABDOMINAL (OBLICUOS)
EXPLOSIVA

PREPARACIÓN

• Por parejas, sentados en el suelo, de espaldas.

• La distancia variará, dependiendo de los niveles de fuerza de los deportistas y su experiencia en el ejercicio. Para empezar, prueben con 1,5 m.

• Separen las piernas.

• Flexionen las rodillas ligeramente.

• Siéntense erguidos.

• Mantengan el tronco y el torso tenso y controlado.

• Mantengan los brazos paralelos al suelo.

• Flexionen los codos ligeramente.

ACCIÓN

• El deportista A sostiene el balón apartado del cuerpo y gira hacia la izquierda enviando el balón a B.

• B se coloca para recibir el balón en mano por el lado derecho.

• B gira inmediatamente a la izquierda y envía el balón de nuevo al lado derecho de A

• No lancen el balón con los brazos; céntrense en la acción explosiva oblicua.

• Continúen así durante una serie.

• Repitan por el lado contrario.

Nota: A medida que gane fuerza, aumente el peso del balón. Sin embargo, nunca sacrifique la técnica para añadir resistencia.

DEJADAS SOLTANDO EL BALÓN MEDICINAL DE PIE POR PAREJAS

**POTENCIA ABDOMINAL (OBLICUOS)
EXPLOSIVA**

PREPARACIÓN

• Por parejas, permanezcan de pie, dándose la espalda, separados a un metro de distancia.
• Coloquen los pies separados a la anchura de los hombros.
• Flexionen las rodillas ligeramente.
• Mantengan el tronco y el torso tenso y controlado.
• Mantengan los brazos paralelos al suelo.
• Flexionen los codos ligeramente.

ACCIÓN

• El deportista A sostiene el balón separado del cuerpo y gira las caderas hacia la izquierda.
• B se coloca para recibir el balón por su lado derecho.
• A entrega el balón a B.
• B frena la inercia del balón en el punto medio de la rotación (es decir, brazos extendidos hacia delante), manteniendo los codos ligeramente flexionados.
• B suelta inmediatamente las caderas de nuevo hacia su derecha y llevando el balón al lado izquierdo de A.
• Dejen que los pies pivoten, disminuyendo el estrés rotatorio en las rodillas.
• Continúen así durante una serie.
• Repitan por el lado contrario.

Nota: A medida que gane fuerza, aumente el peso del balón. Sin embargo, nunca sacrifique la técnica para añadir resistencia.

ENVÍO DE BALÓN MEDICINAL A LA PARED DE PIE

POTENCIA ABDOMINAL (OBLICUOS) EXPLOSIVA

PREPARACIÓN

• Permanezca de pie, de espaldas a una pared *sólida*, a una distancia aproximada de 1,5 m.
• Coloque los pies separados a la anchura de los hombros.
• Flexione las rodillas ligeramente.
• Incline el peso del cuerpo ligeramente hacia delante sobre los huesos de los pies.
• Mantenga el tronco tenso y controlado.
• Sostenga el balón ligeramente por encima de la altura de la cadera.
• Flexione los codos ligeramente.

ACCIÓN

• Suelte las caderas (torso bajo) hacia la izquierda y envíe el balón a la pared.
• Dirija el balón de forma que impacte contra la pared y vuelva al mismo lado.
• Capture el balón y frene su inercia en el punto medio de la rotación (es decir, brazos rectos hacia delante).
• Suelte inmediatamente las caderas (torso bajo) en la dirección contraria a la inercia, enviando el balón de nuevo a la pared por el lado izquierdo. ·
• Deje que el pie pivote, disminuyendo el estrés rotacional en las rodillas.
• Continúe así durante una serie.
• Repita por el lado contrario.

Nota: A medida que gane fuerza, aumente el peso del balón. Sin embargo, nunca sacrifique la técnica para añadir resistencia.

ELEVACIÓN DE RODILLAS CON CODOS APOYADOS

POTENCIA ABDOMINAL (INFERIORES)
MODERADA A RÁPIDA

PREPARACIÓN

• Coloque el soporte lumbar en la parte baja de la espalda y apóyese en él.
• Descanse los codos en los acolchados para los mismos, alineados con éstos o ligeramente enfrente del tren superior.
• Coja firmemente los agarres.
• Extienda las piernas hacia el suelo.
• Coja el balón entre los tobillos.

ACCIÓN

• Eleve el balón, y lleve rápidamente las rodillas hacia el pecho.
• Mantenga la posición durante un segundo.
• Descienda lentamente las piernas a la posición inicial. No balancee; en su lugar, controle el movimiento del balón.
• Repita inmediatamente.

Nota: Comience con un balón muy ligero o sin balón. A medida que gane fuerza, aumente el peso del balón. Sin embargo, nunca sacrifique la técnica para añadir resistencia. Aconsejamos tener un compañero de entrenamiento para que le ayude a realizar la técnica correcta.

ELEVACIÓN DE RODILLAS COLGADO

POTENCIA ABDOMINAL (INFERIORES)
MODERADA

PREPARACIÓN

• Agárrese a una barra de dominadas con los brazos totalmente extendidos.
• Sostenga el balón entre los tobillos.

ACCIÓN

• Eleve el balón, y lleve las rodillas rápidamente hacia el pecho.
• No balancee, y evite tirar hacia arriba con los brazos.
• Mantenga una ligera joroba en la espalda. No hiperextienda la zona lumbar.
• Vuelva lentamente a la posición inicial, evitando el balanceo.
• Repita inmediatamente.

Nota: Comience con un balón muy ligero o sin balón. A medida que gane fuerza, aumente el peso del balón. Sin embargo, nunca sacrifique la técnica para añadir resistencia. Aconsejamos disponer de un compañero de entrenamiento para que le ayude a realizar una técnica correcta. Utilice cinchas de muñecas o colgantes para los codos si la fuerza de los hombros y muñecas no es la adecuada para facilitar una técnica correcta.

ENCOGIMIENTO EN SILLA ROMANA

POTENCIA ABDOMINAL (SUPERIORES)
LENTA A MODERADA

Precaución: Éste debe ser un ejercicio muy controlado; no lo realice en estado de fatiga arriesgándose a realizar una técnica incorrecta.

PREPARACIÓN

• Siéntese en la silla romana con los rodillos para la tibia correctamente ajustados.

• Coloque las caderas en el borde frontal del acolchado.

• Sostenga el balón fuertemente en el pecho.

ACCIÓN

• Descienda el tren superior hasta alcanzar una posición casi paralela al suelo.

• Elévese a una posición de unos 45° respecto al suelo.

• Vuelva lentamente a la posición inicial y repita. No hiperextienda la zona lumbar.

Nota: Mantenga la columna ligeramente curvada. Esto ayudará a eliminar la hiperextensión de la zona lumbar. A medida que gane fuerza, aumente el peso del balón. Sin embargo, nunca sacrifique la técnica para aumentar la resistencia. Además, a medida que los niveles de fuerza aumenten, coloque el balón más lejos del eje de giro. Por ejemplo, si el nivel de fuerza es bajo, empiece con el balón en la cintura y, a medida que el nivel de fuerza aumente, desplace el balón al pecho y, finalmente, por encima de la cabeza.

ENCOGIMIENTO CON BALÓN MEDICINAL, NIVEL DE INICIACIÓN

POTENCIA ABDOMINAL (SUPERIORES)
MODERADA

PREPARACIÓN

• Échese sobre el suelo de espaldas.
• Coloque los pies separados a la anchura de los hombros.
• Flexione las rodillas a 90°. (Si se tiene poca fuerza, puede anclar los pies debajo de un objeto pesado para aumentar la palanca.)
• Sostenga el balón contra el pecho.

ACCIÓN

• Levante *rápidamente* el tren superior a unos 45° del suelo.
• Retorne *lentamente* el tren superior al suelo.
• Meta la barbilla contra el pecho, manteniendo una ligera curvatura en la columna para evitar la hiperextensión.
• Toque el suelo con los omoplatos (no rebote).
• Repita inmediatamente.

Nota: A medida que gane fuerza, aumente el peso del balón. Sin embargo, nunca sacrifique la técnica para aumentar la resistencia.

ENCOGIMIENTO CON BALÓN MEDICINAL, NIVEL AVANZADO

POTENCIA ABDOMINAL (SUPERIORES)
MODERADA

PREPARACIÓN

• Échese sobre el suelo de espaldas.
• Coloque los pies separados a la anchura de los hombros.
• Flexione las rodillas a 90°. (Si se tiene poca fuerza, puede anclar los pies debajo de un objeto pesado para aumentar la palanca.)
• Sostenga el balón sobre la cabeza, pero sin contactar con ella.

ACCIÓN

• Levante rápidamente el tren superior a unos 45° del suelo.
• Mantenga el balón por encima de la cabeza.
• Descienda lentamente el tren superior hasta el suelo.
• Meta la barbilla hacia el pecho, manteniendo una ligera curvatura en la columna para evitar la hiperextensión.
• Toque el suelo con los omoplatos (no haga rebotes) y repita inmediatamente.

Nota: A medida que gane fuerza, aumente el peso del balón. Sin embargo, nunca sacrifique la técnica para aumentar la resistencia.

PASE DE PECHO CON ENCOGIMIENTO A UN COMPAÑERO DE PIE

POTENCIA ABDOMINAL (SUPERIORES) RÁPIDA

PREPARACIÓN

• El deportista que entrena se sienta con las rodillas flexionadas a 90°.

• Coloque los pies separados a la anchura de los hombros.

• Siéntese erguido.

• Sostenga las manos al nivel del pecho preparado para recibir el balón.

• Mire hacia el balón.

ACCIÓN

• El deportista que está de pie envía el balón al pecho del que está sentado. (Al principio, el envío debería ser suave; a medida que la fuerza y la coordinación mejo-ren, se aumenta la velocidad del envío.)

• Cuando el deportista sentado coge el balón, la inercia le lleva de nuevo hasta el suelo.

• Controle la inercia hasta tocar el suelo con el balón. (No haga rebotes.)

• Meta la barbilla hacia el pecho, manteniendo una ligera curvatura en la columna para evitar la hiperextensión de la zona lumbar.

• El deportista se eleva rápidamente de nuevo a la posición inicial a la vez que envía el balón al compañero que está de pie.

• Repita inmediatamente.

Nota: A medida que gane fuerza, aumente el peso del balón. Sin embargo, nunca sacrifique la técnica para aumentar la resistencia. Si el deportista sentado requiere ayuda para completar el movimiento, el que está de pie debería colocarse con cuidado sobre los pies del deportista.

PASE POR ENCIMA DE LA CABEZA CON ENCOGIMIENTO A UN COMPAÑERO DE PIE

POTENCIA ABDOMINAL (SUPERIORES) MODERADA

PREPARACIÓN

• El deportista que va a realizar el entrenamiento se sienta con las rodillas flexionadas a 90°.

• Coloque los pies separados a la anchura de los hombros.

• Siéntese erguido.

• Sostenga las manos por encima de la cabeza, preparado para recibir el balón.

• Mire al balón.

ACCIÓN

• El deportista que está de pie envía el balón a las manos del que está sentado. (Al principio, el pase debería ser suave; a medida que la fuerza y la coordinación mejoren, aumente la velocidad del pase.)

• Cuando el deportista sentado coge el balón, la inercia le impulsa hasta el suelo.

• Controle la inercia hasta tocar el balón en el suelo (no haga rebotes).

• Meta la barbilla hacia el pecho, manteniendo una ligera curvatura en la columna para evitar la hiperextensión de la zona lumbar.

• Mantenga el balón por encima de la cabeza en todo momento.

• El deportista se eleva rápidamente de nuevo a la posición inicial a la vez que envía el balón al compañero de pie.

• Repita inmediatamente.

Nota: A medida que gane fuerza, aumente el peso del balón. Sin embargo, nunca sacrifique la técnica para aumentar la resistencia. Si el deportista sentado requiere ayuda para completar el movimiento, el que está de pie debería colocarse con cuidado sobre los pies del deportista.

PASES DE PECHO CON ENCOGIMIENTO POR PAREJAS EN EL SUELO

POTENCIA ABDOMINAL (SUPERIORES)
RÁPIDA

PREPARACIÓN

• Ambos deportistas se sientan en el suelo encarados.

• Coloquen los pies separados a la anchura de los hombros.

• Flexionen las rodillas ligeramente.

• Siéntense rectos.

• El deportista B mantiene las manos a la altura del pecho, preparadas para recibir el balón.

• Abran los codos hacia afuera.

• Miren siempre al balón.

• El deportista A sostiene el balón a la altura del pecho.

Nota: A medida que gane fuerza, aumente el peso del balón. Sin embargo, nunca sacrifique la técnica para añadir resistencia. Para aumentar la palanca, A engancha su tobillo derecho por debajo del izquierdo de B, y B engancha su tobillo derecho por debajo del izquierdo de A.

ACCIÓN

• El deportista A realiza un pase al pecho del B.

• Al capturar el balón, la inercia obliga a B a tocar al suelo con la espalda.

• B controla la inercia y toca el suelo con los omoplatos.

• Metan la barbilla hacia el pecho, manteniendo una ligera curvatura en la columna para evitar la hiperextensión de la zona lumbar.

• El B se levanta rápidamente recuperando la posición inicial y envía simultáneamente el balón al pecho de A.

• Mantengan la postura correcta.

• Continúen hasta completar la serie.

PASES POR ENCIMA DE LA CABEZA CON ENCOGIMIENTO POR PAREJAS EN EL SUELO

POTENCIA ABDOMINAL (SUPERIORES)
RÁPIDA

PREPARACIÓN

• Ambos deportistas se sientan en el suelo encarados.

• Coloquen los pies separados a la anchura de los hombros.

• Flexionen las rodillas ligeramente.

• Siéntense erguidos.

• Sostengan las manos por encima de la cabeza, preparadas para recibir el balón.

• Flexionen los codos ligeramente.

• Miren siempre al balón.

Nota: A medida que gane fuerza, aumente el peso del balón. Sin embargo, nunca sacrifique la técnica para añadir resistencia. Para aumentar la palanca, A engancha su tobillo derecho por debajo del izquierdo de B, y B engancha su tobillo derecho por debajo del izquierdo de A.

ACCIÓN

• El deportista A realiza un pase por encima de la cabeza al deportista B.

• Al capturar el balón, la inercia impulsa a B a tocar el suelo.

• B controla la inercia y toca el suelo con los omoplatos (no haga rebotes).

• Metan la barbilla hacia el pecho, manteniendo una ligera curvatura en la columna para evitar la hiperextensión de la zona lumbar.

• B se levanta rápidamente a la posición inicial mientras envía simultáneamente el balón al pecho de A.

• Mantengan la postura correcta.

• Continúen hasta completar la serie.

PASE DE PECHO A LA PARED SENTADO

POTENCIA ABDOMINAL (SUPERIORES) RÁPIDA

PREPARACIÓN

• Siéntese de frente a una pared *sólida*.

• Coloque las piernas ligeramente más separadas que la anchura de los hombros.

• Toque la pared con los pies. (A medida que mejoren la fuerza y la coordinación, sitúese más lejos de ella.)

• Siéntese recto.

• Mantenga el tronco y el torso tenso y controlado.

• Sostenga el balón a la altura del pecho.

• Abra los codos hacia afuera.

ACCIÓN

• Para empezar envíe el balón contra la pared lo suficientemente alto de forma que pueda capturar el rebote a la altura del pecho.

• Cuando coja el balón, la inercia le enviará al suelo.

• Controle la inercia y toque el suelo con los omoplatos (no haga rebotes).

• Meta la barbilla hacia el pecho, manteniendo una ligera curvatura en la columna para evitar la hiperextensión de la zona lumbar.

• Levántese rápidamente a la posición inicial mientras envía de nuevo el balón contra la pared.

• Capture el rebote.

• Repita inmediatamente.

Nota: A medida que gane fuerza, aumente el peso del balón. Sin embargo, nunca sacrifique la técnica para añadir resistencia. Una variante de este ejercicio sería limitar el rango de movimiento. En lugar de tocar el suelo con los omoplatos, controle la inercia del rebote y frene el tren superior a unos 45° del suelo.

PASE POR ENCIMA DE LA CABEZA SENTADO

POTENCIA ABDOMINAL (SUPERIORES)
RÁPIDA

PREPARACIÓN

• Siéntese de frente a una pared *sólida*.
• Coloque las piernas ligeramente más separadas que la anchura de los hombros.
• Toque la pared con los pies. (A medida que mejoren la fuerza y la coordinación, sitúese más lejos de ella.)
• Siéntese erguido.
• Mantenga el tronco y el torso tenso y controlado.
• Sostenga el balón con los brazos extendidos por encima de la cabeza.
• Flexione los codos ligeramente.

ACCIÓN

• Para empezar, envíe el balón contra la pared lo suficientemente alto de forma que pueda capturar el rebote por encima de la cabeza.
• Cuando coja el balón la inercia le llevará hacia el suelo.
• Controle la inercia y toque el suelo con los omoplatos (no haga rebotes).
• Meta la barbilla hacia el pecho, manteniendo una ligera curvatura en la columna para evitar la hiperextensión de la zona lumbar.
• Levántese rápidamente a la posición inicial mientras envía de nuevo el balón contra la pared.

• Lance el balón con los abdominales, no con los brazos.
• Mantenga el balón por encima de la cabeza en todo momento.
• Capture el rebote.
• Repita inmediatamente.

Nota: A medida que gane fuerza, aumente el peso del balón. Sin embargo, nunca sacrifique la técnica para añadir resistencia. Una variación de este ejercicio sería limitar el rango de movimiento. En lugar de tocar el suelo con los omoplatos, controle la inercia del rebote y frene el tren superior a unos 45° del suelo.

ELEVACIÓN DE ESPALDA CON BALÓN MEDICINAL

POTENCIA ABDOMINAL (ESPALDA)
LENTA A MODERADA

PREPARACIÓN

- Échese en el suelo sobre el estómago.
- Sostenga el balón contra la nuca.

ACCIÓN

- Contraiga los músculos lumbares y glúteos y eleve el tren superior del suelo.
- Mantenga la posición arqueada durante varios segundos.
- Vuelva lentamente a la posición inicial.
- Repita inmediatamente.

Nota: Comience con un balón muy ligero o sin balón. A medida que gane fuerza, aumente el peso del balón. Una variación de este ejercicio consiste en un levantamiento con giro.

EXTENSIÓN DE ESPALDA EN SILLA ROMANA

POTENCIA ABDOMINAL (ESPALDA)
LENTA A MODERADA

Precaución: Éste debe ser un ejercicio muy controlado; no lo realice durante un estado de fatiga extrema, arriesgando realizar una técnica incorrecta.

PREPARACIÓN

• Échese sobre el estómago en la silla romana con los rodillos para la tibia correctamente ajustados y las caderas en el soporte acolchado.
• Coloque la pelota contra la nuca.

ACCIÓN

• Para empezar, las caderas están flexionadas, con la cabeza hacia al suelo.
• Contraiga los músculos lumbares y glúteos y eleve el tren superior a una posición paralela al suelo.
• Vuelva lentamente a la posición inicial. (No haga rebotes.)
• Repita inmediatamente.

Nota: Comience con un balón muy ligero o sin balón. A medida que gane fuerza, aumente el peso del balón. Una variante de este ejercicio es elevarse con un giro.

BUENOS DÍAS CON BALÓN MEDICINAL

POTENCIA ABDOMINAL (ESPALDA)
LENTA

PREPARACIÓN

• Permanezca de pie.
• Coloque los pies separados a la anchura de los hombros.
• Flexione las rodillas ligeramente.
• Mantenga el tronco y el torso tensos y controlados.
• Empiece con el balón a nivel de la cintura. A medida que gane fuerza, desplace el balón al pecho y, eventualmente, detrás de la cabeza.

ACCIÓN

• Inclínese lentamente hacia delante hasta que el tren superior esté casi paralelo al suelo.
• Contraiga los músculos lumbares y glúteos y eleve la espalda a la posición inicial.
• No hiperextienda la zona lumbar.
• Repita inmediatamente.

Nota: Comience con un balón muy ligero o sin balón. A medida que gane fuerza, aumente el peso del balón.

LANZAMIENTO DE BALÓN

POTENCIA ABDOMINAL (ESPALDA)
EXPLOSIVA

PREPARACIÓN

• Permanezca de pie.

• Coloque los pies separados a la anchura de los hombros.

• Extienda los brazos hacia abajo con los codos ligeramente flexionados.

• Mantenga el balón a nivel de la cintura.

ACCIÓN

• Realice simultáneamente una sentadilla e inicie un ligero balanceo del balón hacia abajo y entre las piernas.

• Lleve las piernas hacia arriba a la vez que se eleva con la espalda baja.

• Lance el balón tan alto como sea posible, asegurándose de que caerá detrás de usted.

• ¡Mire *siempre* al balón! Tenga cuidado de que no caiga sobre su cabeza.

• Éste es un movimiento explosivo; debería elevarse del suelo al lanzar.

• Recupere el balón.

• Repita.

Nota: Evite una hiperextensión extrema de la zona lumbar. A medida que gane fuerza, aumente el peso del balón. Sin embargo, nunca sacrifique la técnica para aumentar la resistencia.

9

PROGRAMAS DE ENTRENAMIENTO ABDOMINAL Y LUMBAR

Ahora ya es momento de compendiar todo lo que ha aprendido acerca de la tonificación, fuerza, y potencia abdominal y lumbar. Comience por el programa de tonificación abdominal y vaya progresando hasta el nivel X. Si ha alcanzado sus metas de tonificación, puede optar por permanecer en este nivel indefinidamente, pero si quiere progresar por encima de la tonificación hasta unas condiciones que se traduzcan en un mayor rendimiento, sométase a un programa de fuerza abdominal. Una vez haya alcanzado los niveles de tonificación y fuerza abdominal, puede aún progresar con el programa de entrenamiento de potencia abdominal, pero esto sólo si practica un deporte de competición. Por razones de seguridad, el programa de entrenamiento de potencia abdominal sólo es aconsejable para los deportistas de elite, e incluso ellos deberían aproximarse a este programa de manera inteligente y con precauciones.

TONIFICACIÓN ABDOMINAL

El programa de tonificación abdominal de la página 219 tiene una duración de 24 semanas y afirmará, modelará y tonificará sus abdominales. No requiere ningún tipo de aparato, como las pesas. Este programa servirá de base para los niveles de fuerza y potencia, o puede ser el único que usted vaya a seguir. Se recomienda que continúe hasta incluir los ejercicios del nivel X (con menor frecuencia y/o duración) una vez haya completado el programa de 24 semanas, tanto si piensa pasar a los programas de fuerza y potencia abdominal como si no.

Al final de la página 219 se expone un ejemplo de lo que podría ser una rutina típica. Para ello, hemos elegido el nivel IV. Recuerde: debido a que tiene muchos más de los 12 ejercicios incluidos en esta rutina desde donde poder elegir, los ejercicios de su programa personal pueden ser otros distintos de los de este ejemplo.

PRECAUCIONES EN EL ENTRENAMIENTO ABDOMINAL Y LUMBAR

Obtenga la aprobación de su médico antes de comenzar cualquier programa nuevo.

Evite las elevaciones de piernas rectas bilaterales (con las dos piernas), los *sit-ups* con las piernas rectas, algunos ejercicios en la silla romana, o cualquier ejercicio que arquee o hiperextienda de manera considerable la zona lumbar. Mantenga siempre protegida esta zona.

Inversamente, evite la flexión extrema de la columna (especialmente en la zona lumbar).

Nunca tire de la cabeza o el cuello.

Evite el anclaje de los pies a no ser que no haya otra forma de realizar con éxito el levantamiento.

Mientras ejecute el levantamiento, focalice su atención en los músculos que está intentando entrenar.

Evite realizar movimientos de sacudida y emplear la inercia para ejecutar el levantamiento.

Respire de forma natural y rítmica.

Nunca entrene mientras esté lesionado.

PAUTAS DE ENTRENAMIENTO ABDOMINAL

■ Realice siempre un calentamiento antes de cualquier sesión de entrenamiento y una vuelta a la calma después de ella.

■ Entrene todas las regiones de los abdominales y lumbares, incidiendo más en los desequilibrios.

■ Elija 6-15 ejercicios que estén marcados como de «tonificación abdominal» en los recuadros (capítulo 6).

■ Los ejercicios oblicuos trabajan ambos lados del cuerpo y por lo tanto cuentan como dos ejercicios.

■ Inicialmente, realice la rutina de cuatro a cinco días por semana. Evite descansar durante varios días seguidos. Combine cada sesión de entrenamiento regularmente a lo largo de la semana. Hasta llegar al nivel X, mantenga la intensidad alta; es decir, mantenga un nivel de dificultad como se indica, aumentando la resistencia (posición de brazos y piernas) o variando la velocidad de ejecución del ejercicio, pero puede reducir la duración eliminando *algunas* repeticiones y series, y disminiur la frecuencia a dos-cuatro sesiones por semana si lo desea. Recuerde, si está satisfecho con sus progresos en un nivel más bajo, siga en el mismo. El pase a los siguientes niveles no significa necesariamente que vaya a seguir mejorando. Puede estar perfectamente contento y suficientemente recompensado permaneciendo siempre en un nivel más bajo.

■ Nunca progrese al siguiente nivel sin antes ser capaz de cumplir el número prescrito de repeticiones y series a la vez que mantiene una técnica correcta en su nivel actual.

■ Las repeticiones abdominales totales durante un entrenamiento de tonificación abdominal no deberían exceder de 450 por sesión. (*Nota*: Este número no incluye los ejercicios de espalda.)

■ Asegúrese de incluir ejercicios lumbares —20 % del total de repeticiones—. Para el nivel de tonificación abdominal, elija de uno a cinco ejercicios para la espalda o más si quiere concentrarse en esta área y realice de 5 a 20 repeticiones.

■ Hasta llegar al nivel IV, comienzo de las series múltiples, realice todas las repeticiones de cada ejercicio; después, descanse de uno a dos minutos antes de empezar con las siguientes series.

■ Descanse sólo entre series. No descanse entre los ejercicios.

PROGRAMA DE TONIFICACIÓN ABDOMINAL DE 24 SEMANAS

Escoja de 6 a 15 ejercicios por sesión.

Nivel	Semanas	Repeticiones por ejercicio	Series por sesión
Fase inicial	4	4-6	1
I	2	8	1
II	2	10	1
III	2	12	1
IV	2	8	2
V	2	10	2
VI	2	12	2
VII	2	8	3
VIII	2	10	3
IX	2	12	3
X	2	15	3

Nota: Continúe en el nivel X para *mantener* la tonificación del tronco.

EJEMPLO DE RUTINA DIARIA DE TONIFICACIÓN ABDOMINAL PARA EL NIVEL IV: 2 SEMANAS

Ejercicios de tonificación abdominal	Series*	Repeticiones
1. Encogimiento lateral con piernas rectas (izquierda)	2	8
2. Encogimiento lateral con piernas rectas (derecha)	2	8
3. Elevación lateral con rodillas flexionadas (izquierda)	2	8
4. Elevación lateral con rodillas flexionadas (derecha)	2	8
5. Encogimiento oblicuo con piernas cruzadas avanzado (izquierda)	2	8
6. Encogimiento oblicuo con piernas cruzadas avanzado (derecha)	2	8
7. Enrollamiento hacia atrás aislado	2	8
8. Empujón de piernas extendidas sentado	2	8
9. Enrollamiento en mariposa	2	8
10. Pies hacia el techo	2	8
11. Giro ruso (izquierda)	2	8
12. Giro ruso (derecha)	2	8

*Realice una serie de los 12 ejercicios, descanse un minuto y repita.
Repeticiones totales por sesión: 192

Ejercicios de tonificación lumbar	Series	Repeticiones
1. Elevación de espalda	3	10
2. Superman	3	10

FUERZA ABDOMINAL

La rutina de fuerza abdominal es para deportistas de competición o para aquellas personas con un alto grado de exigencia en su entrenamiento de tonificación. Advierta que, al contrario del programa de to- nificación de 24 semanas, no estructuramos una rutina progresiva para la siguiente sección de fuerza abdominal. Esto es debido a que asumimos que usted ha establecido una base sólida de fuerza al haber completado con éxito el nivel X del régimen de tonificación abdominal.

PAUTAS PARA LA FUERZA ABDOMINAL

■ Realice siempre un calentamiento antes de cualquier sesión de entrenamiento y una vuelta a la calma después de ella.

■ Disminuya la frecuencia del nivel X de tonificación abdominal a 2-3 días por semana, pero mantenga la intensidad y la duración, realizando no más de 450 repeticiones por sesión. *Nota*: Esto no es un programa de mantenimiento, por lo tanto, no disminuya la intensidad ni la duración, es decir, las series y repeticiones.

■ Incorpore ejercicios de fuerza abdominal del capítulo 7, dos a tres veces por semana.

■ Durante las sesiones de entrenamiento de fuerza abdominal, puede escoger ejercicios tanto de tonificación (capítulo 6) como de fuerza abdominal (capítulo 7); sin embargo, incida más en los ejercicios de fuerza abdominal.

■ Escoja de uno a cinco ejercicos marcados como de «fuerza abdominal» o de «tonificación abdominal».

■ Los ejercicios oblicuos trabajan ambos lados del cuerpo, y por lo tanto cuentan como dos ejercicios.

■ Realice de una a cinco series de cada ejercicio, con 10 a 25 repeticiones por serie.

■ Las repeticiones abdominales totales durante la sesión de entrenamiento de fuerza abdominal no deberían exceder de 350, aunque por supuesto no es necesario completar tantas en todas y cada una de las sesiones para obtener beneficios del entrenamiento. Debido a la intensidad de la resistencia empleada, los problemas de tiempo y la disponibilidad de equipo, su rutina de fuerza abdominal puede no alcanzar este máximo.

■ Tómese de 30 a 120 segundos de descanso entre *cada serie*, manteniéndolos por debajo de 60 segundos si es posible.

■ Asegúrese de incluir ejercicios lumbares —20% del total de repeticiones—. Para el nivel de fuerza abdominal, escoja de uno a cinco ejercicios para la espalda (o más si se quiere concentrar en esta área). Realice ejercicios marcados como «tonificación abdominal» o «fuerza abdominal» y realice de una a cinco series de 5 a 20 repeticiones.

■ Recuerde, debido a razones de seguridad, sólo los deportistas de elite deberían progresar a una rutina de potencia abdominal.

EJEMPLO DE RUTINA DIARIA DE FUERZA ABDOMINAL

• **Mantenga el nivel X de tonificación abdominal de dos a tres días por semana.**
• **Incorpore ejercicios de fuerza abdominal del capítulo 7 los demás dos o tres días.**

Ejercicios de fuerza abdominal	Series*	Repeticiones
1. Encogimiento oblicuo en banco plano (izquierda)	2	15
2. Encogimiento oblicuo en banco plano (derecho)	2	15
3. Elevación de piernas con rodillas flexionadas	3	15
4. Encogimiento con tirón hacia abajo sentado	3	25
5. Aislamiento de abdominales superiores en silla romana	1	25

*Descanse aproximadamente un minuto entre cada serie.
Total de repeticiones por sesión: 205

Ejercicios de fuerza lumbar	Series	Repeticiones
1. Extensión de espalda en silla romana	3	10-15
2. Peso muerto con barra y rodillas flexionadas	3	10

Nota: La mayor parte de deportistas siguen una rutina de entrenamiento de fuerza que abarca todo el cuerpo. Esto puede incluir ejercicios que se centren en el desarrollo de la zona lumbar. Si es éste su caso, no sería necesario realizar estos ejercicios lumbares además de la rutina específicamente abdominal.

PROGRAMAS DE ENTRENAMIENTO ABDOMINAL Y LUMBAR

POTENCIA ABDOMINAL

Recomendamos la rutina de potencia abdominal *sólo* para deportistas con una buena forma física. Usted diseñará su propio programa de entrenamiento basado en las pautas citadas a continuación. Primero, mantenga su programa de tonificación y fuerza abdominal como se ha comentado. Después, empiece gradualmente incorporando ejercicios de potencia abdominal, pero siga las pautas cuidadosamente.

PAUTAS DE POTENCIA ABDOMINAL

■ Realice siempre un calentamiento antes de cualquier sesión de entrenamiento y una vuelta a la calma después de ella.

■ Mantenga el nivel X de tonificación abdominal, de 2 a 3 días por semana realizando no más de 450 repeticiones de tonificación por sesión.

■ Mantenga la fuerza abdominal de uno a dos días por semana.

■ Incorpore ejercicios de potencia abdominal del capítulo 8, uno o dos días por semana.

■ El entrenamiento abdominal total incluyendo los tres niveles debería ser de cuatro a seis días por semana.

Nota: Estas pautas no son inamovibles. Pruebe qué es lo que mejor funciona con usted. Por ejemplo, los New York Knicks incorporan la siguiente variación «tres días de trabajo y uno de descanso»:

• Día 1: potencia abdominal
• Día 2: tonificación abdominal
• Día 3: fuerza abdominal
• Día 4: descanso
• Repetición

■ Escoja de uno a cinco ejercicios marcados como «potencia abdominal» en el capítulo 8.

■ Los ejercicios oblicuos trabajan ambos lados, y por lo tanto, cuentan como dos ejercicios.

■ Realice de una a cinco series de cada ejercicio, 10 a 25 repeticiones por serie.

■ Las repeticiones totales durante el entrenamiento de potencia abdominal no deberían exceder de 300.

■ Debido a que el objetivo de este método de entrenamiento es desarrollar la potencia, no se centre en fatigar los abdominales; en su lugar, céntrese en realizar cada ejercicio de manera explosiva con el máximo esfuerzo. Por lo tanto, permita un mínimo de un minuto de descanso entre series.

■ Asegúrese de incluir ejercicios lumbares —20% del total de repeticiones—. Para el nivel de potencia abdominal, escoja de uno a cinco ejercicios de espalda (o más si quiere centrarse en esta área). Realice ejercicios lumbares marcados como «tonificación abdominal», «fuerza abdominal» o «potencia abdominal», realizando de una a cinco series de 5 a 20 repeticiones.

EJEMPLO DE RUTINA DIARIA DE POTENCIA ABDOMINAL

• **Mantenga el nivel X de tonificación abdominal dos días por semana.**
• **Mantenga la fuerza abdominal uno o dos días por semana.**
• **Incorpore la potencia abdominal uno o dos días por semana.**

Ejercicios de potencia abdominal	Series*	Repeticiones
1. Envíos de balón medicinal a la pared de pie (izquierda)	2	10
2. Envíos de balón medicinal a la pared de pie (derecha)	2	10
3. Elevación de rodillas con codos apoyados	3	10
4. Pase de pecho con encogimiento a un compañero de pie	5	25
*Descanse un mínimo de un minuto entre cada serie.		
Total de repeticiones por sesión:		195
Ejercicios de fuerza lumbar	**Series**	**Repeticiones**
1. Elevación de espalda con balón medicinal	3	10
2. Lanzamiento de balón	3	10

VARIANTES DE ENTRENAMIENTO

Los regímenes descritos en este manual *no* son inamovibles. No obstante, han probado su efectividad en el desarrollo de la tonificación, fuerza y potencia abdominal. Sin embargo, incluso los mejores programas pueden llegar a ser monótonos o que se estanquen los resultados después de un periodo prolongado de tiempo. En este caso, varíe el número de ejercicios, repeticiones y series. Por ejemplo, durante una rutina de tonificación abdominal, en lugar de 10-15 ejercicios, tres series de 15 repeticiones, escoja sólo 5 ejercicios diferentes y realice varias series de 25 a 50 repeticiones. O escoja 8 ejercicios y realice una serie de 50 repeticiones por cada ejercicio y así sucesivamente. Cada sujeto responderá diferentemente a un programa en particular. Escoja lo que mejor funcione para usted.

ADELANTE: ¡MERECE LA PENA!

Una de las mayores preocupaciones de hoy en día es una disminución abrumadora de la forma física entre personas de todas las edades. Con los drásticos recortes en los presupuestos para la educación, los primeros en sufrir son generalmente los currículos sobre salud, educación física y deportes de sala.

De alguna manera, la ineficiencia burocrática está promoviendo una generación de jóvenes fuera de forma e ignorante acerca de la salud.

Es un hecho reconocido los beneficios considerables para la salud que ofrece la actividad física moderada en la población general. Sin embargo, el deportista de fin de semana, así como el de competición, requiere algo más que niveles moderados de actividad física. Este libro establece el nexo entre la población general y el deportista de elite proporcionando rutinas abdominales que retan seriamente a todos los sujetos de cualquier nivel.

Quizá reconozca que el ejercicio es valioso, pero que está tan desanimado por el duro trabajo y los problemas de tiempo que nunca ha empezado un programa. No obstante, considere los beneficios específicos del ejercicio y supere la inercia. Llevar una vida activa mejorará su resistencia, complexión física, el funcionamiento completo de su cuerpo y, finalmente, su autoestima. Así, el entrenamiento del centro de potencia no es sino un componente del concepto de entrenamiento total. No subestime la importancia de la eficiencia cardiovascular, la fuerza y resistencia muscular total, la flexibilidad corporal total y la eliminación de la grasa innecesaria al organizar su rutina de entrenamiento.

Inicialmente, puede sufrir algunas molestias físicas, pero esta sensación será sustituida por una transformación positiva hacia una mejor salud y, si es el caso, hacia un mejor rendimiento deportivo. Sin embargo, los resultados no suelen ser inmediatos. Todo el mundo responde de manera diferente al entrenamiento. Usted puede mejorar rápidamente o puede no observar cambios significativos durante unos meses. Pero *aparecerán*; así que no abandone. Por supuesto, el desarrollo de una salud física óptima merece cambiar su estilo de vida e invertir su tiempo y esfuerzo. Asumir y trabajar en ello le reportará importantes beneficios.